蘇州全書

甲編

《蘇州全書》編纂出版委員會 編

·弇州山人讀書後

古吳軒出版社
蘇州大學出版社

圖書在版編目（CIP）數據

弇州山人讀書後 / (明) 王世貞撰 . -- 蘇州 : 古吴軒出版社 : 蘇州大學出版社 , 2025. 6. -- (蘇州全書).
ISBN 978-7-5546-2659-7

Ⅰ. Z429.48

中國國家版本館 CIP 數據核字第 2025KU6692 號

責任編輯 黄菲菲
裝幀設計 周 晨 李 璇
責任校對 王薷鈺

書　　名 弇州山人讀書後
撰　　者 〔明〕王世貞
出版發行 古吴軒出版社
地址：蘇州市八達街118號蘇州新聞大厦30F　電話：0512-65233679
蘇州大學出版社
地址：蘇州市十梓街1號　電話：0512-67480030
印　　刷 常州市金壇古籍印刷廠有限公司
開　　本 889 × 1194　1/16
印　　張 39
版　　次 2025 年 6 月第 1 版
印　　次 2025 年 6 月第 1 次印刷
書　　號 ISBN 978-7-5546-2659-7
定　　價 260.00 元

《蘇州全書》編纂工程

總主編

劉小濤　吳慶文

學術顧問

（按姓氏筆畫爲序）

王　芳　王　宏　王　堯　王　鍔　王紅蕾　王華寶　王爲松　王衛平
王餘光　王鍾陵　朱棟霖　朱誠如　任　平　全　勤　江慶柏　江澄波
汝　信　阮儀三　杜澤遜　李　捷　吳　格　吳永發　何建明　言恭達
沈坤榮　沈燮元　武秀成　范小青　范金民　茅家琦　周　秦　周少川
周國林　周勛初　周新國　胡可先　胡曉明　姜　濤　姜小青　韋　力
姚伯岳　馬亞中　袁行霈　華人德　莫礪鋒　徐　俊　徐　海　徐　雁
徐惠泉　徐興無　唐力行　陸振嶽　陸儉明　陳子善　陳正宏　陳尚君
陳紅彥　陳廣宏　黄愛平　黄顯功　崔之清　張乃格　張志清　張伯偉
張海鵬　葉繼元　葛劍雄　單霽翔　程章燦　程毅中　喬治忠　鄔書林
賀雲翺　詹福瑞　趙生群　廖可斌　熊月之　樊和平　劉　石　劉躍進
閻曉宏　錢小萍　戴　逸　韓天衡　嚴佐之　顧　薌

《蘇州全書》編纂出版委員會

主任　金潔　季晶

副主任　韋國嶺　吳晨潮　王國平　羅時進

編委（按姓氏筆畫爲序）

丁成明　王寧　王忠良　王偉林　王稼句　王樂飛　尤建豐　卞浩宇
田芝健　朱江　朱光磊　朱從兵　李忠　李軍　李紅　李峰
吳建華　吳恩培　余同元　沈鳴　沈慧瑛　周曉　周生杰　查焱
洪曄　袁小良　卿朝暉　高峰　凌郁之　陳潔　陳大亮　陳其弟
陳衛兵　陳興昌　孫寬　孫中旺　黃啟兵　黃鴻山　接曄　曹煒
曹培根　張蓓蓓　程水龍　傅强　湯哲聲　楊斌　蔡曉榮　臧知非
管傲新　歐陽八四　錢萬里　戴丹　謝曉婷　鐵愛花

前言

中華文明源遠流長，文獻典籍浩如烟海。這些世代累積傳承的文獻典籍，是中華民族生生不息的文脉和根基。蘇州作爲首批國家歷史文化名城，素有『人間天堂』之美譽。自古以來，這裏的人民憑藉勤勞和才智，創造了極爲豐厚的物質財富和精神文化財富，使蘇州不僅成爲令人嚮往的『魚米之鄉』，更是實至名歸的『文獻之邦』，爲中華文明的傳承和發展作出了重要貢獻。

蘇州被稱爲『文獻之邦』由來已久，早在南宋時期，就有『吴門文獻之邦』的記載。宋代朱熹云：『文，典籍也；獻，賢也。』蘇州文獻之邦的地位，是歷代先賢積學修養、劬勤著述的結果。明人歸有光《送王汝康會試序》云：『吴爲人材淵藪，文字之盛，甲於天下。』朱希周《長洲縣重修儒學記》亦云：『吴中素稱文獻之邦，蓋子游之遺風在焉，士之嚮學，固其所也。』《江蘇藝文志·蘇州卷》收録自先秦至民國蘇州作者一萬餘人，著述達三萬二千餘種，均占江蘇全省三分之一强。古往今來，蘇州曾引來無數文人墨客駐足流連，留下了大量與蘇州相關的文獻。時至今日，蘇州仍有約百萬册的古籍留存，入選『國家珍貴古籍名録』的善本已達三百一十九種，位居全國同類城市前列。其中的蘇州鄉邦文獻，歷宋元明清，涵經史子集，寫本刻本，交相輝映。此外，散見於海内外公私藏家的蘇州文獻更是不可勝數。它們載録了數千年傳統文化的精華，也見證了蘇州曾經作爲中國文化中心城市的輝煌。

蘇州文獻之盛得益於崇文重教的社會風尚。春秋時代，常熟人言偃就北上問學，成爲孔子唯一的南方弟子。歸來之後，言偃講學授道，文開吴會，道啓東南，被後人尊爲『南方夫子』。西漢時期，蘇州人朱買臣負薪讀書，穹窿山中至今留有其『讀書臺』遺迹。兩晉六朝，以『顧陸朱張』爲代表的吳郡四姓涌現出大批文士，在不少學科領域都貢獻卓著。及至隋唐，蘇州大儒輩出，《隋書·儒林傳》十四人入傳，其中籍貫吳郡者二人；《舊唐書·儒學傳》三十四人入正傳，其中籍貫吳郡（蘇州）者五人。文風之盛可見一斑。北宋時期，范仲淹在家鄉蘇州首創州學，並延名師胡瑗等人教授生徒，此後縣學、書院、社學、義學等不斷興建，蘇州文化教育日益發展。故明人徐有貞云：『論者謂吾蘇也，郡甲天下之郡，學甲天下之學，人才甲天下之人才，偉哉！』在科舉考試方面，蘇州以鼎甲萃集爲世人矚目，清初汪琬曾自豪地將狀元稱爲蘇州的土產之一，有清一代蘇州狀元多達二十六位，占全國的近四分之一，由此而被譽爲『狀元之鄉』。近現代以來，蘇州在全國較早開辦新學，發展現代教育，涌現出顧頡剛、葉聖陶、費孝通等一批大師巨匠。中華人民共和國成立後，社會主義文化教育事業蓬勃發展，蘇州英才輩出，人文昌盛，文獻著述之富更勝於前。

蘇州文獻之盛受益於藏書文化的發達。蘇州藏書之風舉世聞名，千百年來盛行不衰，具有傳承歷史長、收藏品質高、學術貢獻大的特點，無論是卷帙浩繁的圖書還是各具特色的藏書樓，以及延綿不絕的藏書傳統，都成爲中華文化重要的組成部分。據統計，蘇州歷代藏書家的總數，高居全國城市之首。南朝時期，蘇州就出現了藏書家陸澄，藏書多達萬餘卷。明清兩代，蘇州藏書鼎盛，絳雲樓、汲古閣、傳是樓、百宋一廛、藝芸書舍、鐵琴銅劍樓、過雲樓等藏書樓譽滿海内外，彙聚了大量的珍貴文獻，對古代典籍的收藏保護厥功至偉，亦於文獻校勘、整理裨益甚巨。《舊唐書》自宋至明四百多年間已難以考覓，直至明嘉靖十七年（一五三八），聞人詮在蘇州爲官，搜討舊籍，方從吳縣王延喆家得《舊唐書》『紀』和『志』部分，從長洲張汴家得《舊唐書》『列傳』部分，『遺籍俱出宋時模板，旬月之間，二美璧合』，于是在蘇州府學中槧刊，《舊唐書》自此得以彙而成帙，復行於世。清代嘉道年間，蘇州黄丕烈和顧廣圻均爲當時藏書名家，且善校書，『黄跋顧校』在中國文獻史上影響深遠。

蘇州文獻之盛也獲益於刻書業的繁榮。蘇州是我國刻書業的發祥地之一，早在宋代，蘇州的刻書業已經發展到了相當高的水平，至今流傳的杜甫、李白、韋應物等文學大家的詩文集均以宋代蘇州官刻本爲祖本。宋元之際，蘇州磧砂延聖院還主持刊刻了中國佛教史上著名的《磧砂藏》。明清時期，蘇州成爲全國的刻書中心，所刻典籍以精善享譽四海，明人胡應麟有言：『凡刻之地有三，吴也、越也、閩也。』他認爲『其精，吴爲最』，『其直重，吴爲最』。又云：『余所見當今刻本，蘇常爲上，金陵次之，杭又次之。』清人金埴論及刻書，仍以胡氏所言三地爲主，則謂『吴門爲上，西泠次之，白門爲下』。明代私家刻書最多的汲古閣、清代坊間刻書最多的掃葉山房均爲蘇州人創辦，晚清時期頗有影響的江蘇官書局也設於蘇州。據清人朱彝尊記述，汲古閣主人毛晉『力搜秘册，經史而外，百家九流，下至傳奇小説，廣爲鏤版，由是毛氏鋟本走天下』。由於書坊衆多，蘇州還產生了書坊業的行會組織崇德公所。明清時期，蘇州刻書數量龐大，品質最優，裝幀最爲精良，爲世所公認，國内其他地區不少刊本也都冠以『姑蘇原本』，其傳播遠及海外。

蘇州傳世文獻既積澱着深厚的歷史文化底藴，又具有穿越時空的永恒魅力。從范仲淹的『先天下之憂而憂，後天下之樂而樂』，到顧炎武的『天下興亡，匹夫有責』，這種胸懷天下的家國情懷，早已成爲中華民族精神的重要組成部分，傳世留芳，激勵後人。南朝顧野王的《玉篇》，隋唐陸德明的《經典釋文》、陸淳的《春秋集傳纂例》等均以實證明辨著稱，對後世影響深遠。明清時期，馮夢龍的《喻世明言》《警世通言》《醒世恒言》，在中國文學史上掀起市民文學的熱潮，具有開創之功。吴有性的《温疫論》、葉桂的《温熱論》，開温病學研究之先河。蘇州文獻中蘊含的求真求實的嚴謹學風、勇開風氣之先的創新精神，已經成爲一種文化基因，融入了蘇州城市的血脉。不少蘇州文獻仍具有鮮明的現實意義。明代費信的《星槎勝覽》，是記載歷史上中國和海上絲綢之路相關國家交往的重要文獻。鄭若曾的《籌海圖編》和徐葆光的《中山傳信録》，爲釣魚島及其附屬島嶼屬於中國固有領土提供了有力證據。魏良輔的《南詞引正》、嚴澂的《松絃館琴譜》、計成的《園冶》，分别是崑曲、古琴及園林營造的標志性成果，這些藝術形式如今得以名列世界文化遺産，與上述名著的嘉惠滋養密不可分。

維桑與梓，必恭敬止；文獻流傳，後生之責。蘇州先賢向有重視鄉邦文獻整理保護的傳統。方志編修方面，范成大《吴郡志》爲方志創體，其後名志迭出，蘇州府縣志、鄉鎮志、山水志、寺觀志、人物志等數量龐大，構成相對完備的志書系統。地方總集方面，南宋鄭虎臣輯《吴都文粹》，明錢穀輯《吴都文粹續集》，清顧沅輯《吴郡文編》先後相繼，收羅宏富，皇皇可觀。常熟、太倉、崑山、吴江諸邑，周莊、支塘、木瀆、甪直、沙溪、平望、盛澤等鎮，均有地方總集之編。及至近現代，丁祖蔭彙輯《虞山叢刻》《虞陽説苑》，柳亞子等組織『吴江文獻保存會』，爲搜集鄉邦文獻不遺餘力。江蘇省立蘇州圖書館於一九三七年二月舉行的『吴中文獻展覽會』規模空前，展品達四千多件，並彙編出版吴中文獻叢書。然而，由於時代滄桑，圖書保藏不易，蘇州鄉邦文獻中『有目無書』者不在少數。同時，囿於多重因素，蘇州尚未開展過整體性、系統性的文獻整理編纂工作，許多文獻典籍仍處於塵封或散落狀態，没有得到應有的保護與利用，不免令人引以爲憾。

進入新時代，黨和國家大力推動中華優秀傳統文化的創造性轉化和創新性發展。習近平總書記强調，要讓收藏在博物館裏的文物、陳列在廣闊大地上的遺産、書寫在古籍裏的文字都活起來。二〇二二年四月，中共中央辦公廳、國務院辦公廳印發《關於推進新時代古籍工作的意見》，確定了新時代古籍工作的目標方向和主要任務，其中明確要求『加强傳世文獻系統性整理出版』。盛世修典，賡續文脉，蘇州文獻典籍整理編纂正逢其時。二〇二二年七月，中共蘇州市委、蘇州市人民政府作出編纂《蘇州全書》的重大決策，擬通過持續不斷努力，全面系統整理蘇州傳世典籍，着力開拓研究江南歷史文化，編纂出版大型文獻叢書，同步建設全文數據庫及共享平臺，將其打造爲彰顯蘇州優秀傳統文化精神的新陣地，傳承蘇州文明的新標識，展示蘇州形象的新窗口。

『睹喬木而思故家，考文獻而愛舊邦。』編纂出版《蘇州全書》，是蘇州前所未有的大規模文獻整理工程，是不負先賢、澤惠後世的文化盛事。希望藉此系統保存蘇州歷史記憶，讓散落在海内外的蘇州文獻得到挖掘利用，讓珍稀典籍化身千百，成爲認識和瞭解蘇州發展變遷的津梁，並使其中藴含的積極精神得到傳承弘揚。

觀照歷史，明鑒未來。我們沿着來自歷史的川流，承荷各方的期待，自應負起使命，砥礪前行，至誠奉獻，讓文化薪火代代相傳，並在守正創新中發揚光大，爲推進文化自信自强、豐富中國式現代化文化内涵貢獻蘇州力量。

《蘇州全書》編纂出版委員會

二〇二二年十二月

凡例

一、《蘇州全書》（以下簡稱『全書』）旨在全面系統收集整理和保護利用蘇州地方文獻典籍，傳播弘揚蘇州歷史文化，推動中華優秀傳統文化傳承發展。

二、全書收録文獻地域範圍依據蘇州市現有行政區劃，包含蘇州市各區及張家港市、常熟市、太倉市、崑山市。

三、全書着重收録歷代蘇州籍作者的代表性著述，同時適當收録流寓蘇州的人物著述，以及其他以蘇州爲研究對象的專門著述。

四、全書按收録文獻内容分甲、乙、丙三編。每編酌分細類，按類編排。

（一）甲編收録一九一一年及以前的著述。一九一二年至一九四九年間具有傳統裝幀形式的文獻，亦收入此編。按經、史、子、集四部分類編排。

（二）乙編收録一九一二年至二〇二一年間的著述。按哲學社會科學、自然科學、綜合三類編排。

（三）丙編收録就蘇州特定選題而研究編著的原創書籍。按專題研究、文獻輯編、書目整理三類編排。

五、全書出版形式分影印、排印兩種。甲編書籍全部采用繁體竪排；乙編影印類書籍，字體版式與原書一致；乙編排印類書籍和丙編書籍，均采用簡體横排。

六、全書影印文獻每種均撰寫提要或出版説明一篇，介紹作者生平、文獻内容、版本源流、文獻價值等情況。影印底本原有批校、題跋、印鑒等，均予保留。底本有漫漶不清或缺頁者，酌情予以配補。

七、全書所收文獻根據篇幅編排分册，篇幅適中者單獨成册，篇幅較大者分爲序號相連的若干册，篇幅較小者按類型相近原則數種合編一册。數種文獻合編一册以及一種文獻分成若干册的，頁碼均連排。各册按所在各編下屬細類及全書編目順序編排序號。

弇州山人讀書後

〔明〕王世貞　撰

據中國國家圖書館藏明刻本影印。

提要

《弇州山人讀書後》八卷，明王世貞撰。

王世貞（一五二六—一五九〇），字元美，號鳳洲，又號弇州山人、天弢居士、天弢道人等。明太倉人。嘉靖二十六年（一五四七）進士，官至南京刑部尚書。好爲詩、古文，推崇『文必秦漢、詩必盛唐』，與李攀龍、徐中行、梁有譽、宗臣、謝榛、吳國倫合稱『後七子』。李攀龍故後，世貞獨領文壇二十年，聲華意氣蓋海内。著有《弇山堂别集》《弇州史料》《國朝紀要》《皇明人物考》《藝苑卮言》《艷異編》《弇州山人四部稿》《弇州山人四部稿續稿》等。

《讀書後》爲王世貞晚年讀書筆記，《弇州山人四部稿》及《續稿》皆未載，以至散佚，後由其長子王士騏得殘本於賣錫者，乃録而刊之。全書凡八卷，雜論先秦至明代之古書、人物、史事、詩文。卷一論先秦時古籍、人物，涉及《莊子》《列子》《墨子》等；卷二論兩漢三國時古書、人物、史事，如《淮南子》《賈子》，以及霍光、諸葛亮、曹植等；卷三論魏晉隋唐至北宋時人、事、詩文，涵蓋《晉書·隱逸傳》，謝安、李白、王維、杜甫詩，韓、柳、歐、王文等；卷四評議宋、遼、元至明時人物、詩文，遠及三蘇，近及李攀龍、歸有光。吳江許恭又采《四部稿》中題跋之文編成第五卷，取《續稿》中讀佛經之文爲第六卷，讀道經之文爲第七、第八卷，合前四卷并爲八卷。卷首有陳繼儒序，卷末有徐亮跋，其侄王士騄校正。後四卷因采摘而成，不免有王世貞早年心迹；前四卷作於晚歲，則短小精悍，文風暢達，無復摹秦仿漢之習。議及蘇軾、李東陽、歸有光諸人，亦與王世貞生平持論頗不同，由『神厲志凌』一變而爲『心平氣和』。《四庫全書總目》稱：『此書爲晚年進境，以少許勝多多矣。』許恭贊云：『《四部》若大海水，而《讀書後》則又海中之貝闕珠宮也。卷帙不苦浩繁，而學者得未曾有，即以此孤行人間，足矣。』爲研究王世貞晚年思想及文風變化之重要資料。

《讀書後》有明啓禎間刻本、清乾隆刻本及《四庫全書》本等。《四庫全書總目》云原書爲四卷本，已不見著録，見於著録之明刻本僅有此八卷本一種。本次影印以中國國家圖書館藏明刻本爲底本，原書框高二十二・一厘米，廣十五・二厘米。

新刻弇州讀書後序

讀書後者王元美先生晚季所譔四部稾續稾所未載也初刻續稾時其間多所放失偶有賣錫者束殘書置擔頭取視之則

先生詩文數卷及讀書後在焉王圖伯得之驚喜刻曰附集藏于家海內學士大夫不能數數見也許仲謙曰此弇州生平極得意之作但恨繕寫多訛甚則

有數行後先顛倒舛錯者一日
得王閑仲校正善本仲謙喜躍
請呂孤行之人間而因拈前四
部中讀書後附焉陳子曰先生
批駁釋道兩藏尤奇瑋宏博此

獨非書後類乎仲謙乃與予重
加參訂共得若干卷而先生之
碎辭殘璣收拾無遺矣初先生
遭家諱後日與敬美次公讀書
萬卷樓如所謂士衡住東頭士

龍任西頭者已召起敭歷中外納郎節遠近贄文徵文者無虛歲賓客觴詠無虛晷猶時時手一編見之論著至于戢身靖廬誓掃筆研而翻閱兩藏經矻矻

丹鉛如故也先生慧眼辡才與妙觀詧智皆事事第一且栽培之以國憲家猷熏涤之以交遊聳見積習之以新陳歲月試取少年晚年讀書後互味之覺逹

時跌宕縱横標新領異如織錦而問天孫食肉而問禁臠雖眩目爽口或出于偏師取勝者有之至是霜降水落鑑空衡平奏刀必中觚發矢必中的抓搔必

中痛癢斷案一新精彩萬變非筆隨人老蓋識隨人老也先生嘗謂余詩文關鍵出一字如獄吏平反置一語如兵家律令推而至于讀書法亦然若書生輕

於立論論議馳騁大放厥辭嘗有驟發之數十年前而慚悔于數十年後者即欲追取更竄一兩字迄不可得夫未能使自已解順而乃欲使古人唯唯心服

無是理也宋尤延之手錄古書即子弟諸女亦令抄寫視中祕且過之而皆不傳濡須秦氏爲金部員外郎奏請田宅文籍不許子孫分割而竟不知零落何

所今先生論著大約如呂氏讀書記及鼂氏讀書志每終篇標其大指以備遺忘而先生精確過之其牙籤萬軸雖未必一一無恙而糟粕去神髓存則身後

書籍之若存若亡奚足論哉閑仲爲先生小阮校閲精確最得眞傳仲謙太常次公孫壻也尤嫺於瑯琊王氏一家言謂四部若大海水而讀書後則又海中

之貝闕珠宫也卷帙不若浩繁
而學者得未曾有即以此孤行
人間足矣

雲間陳繼儒仲醇譔

弇州山人讀書後目録

讀書後　卷一

弇州山人讀書後目錄

書周處傳後

書周顗傳後

弇州山人讀書後目錄

讀書後　卷三

讀文中子
書李勣傳後
書五王傳後
書李光弼傳後
書李晟馬燧傳後
書李鄴侯傳後
書鄴侯家傳後
書常袞傳後

弇州山人讀書後目錄

附四部稿讀書後目録

讀衛霍傳

讀會昌一品集

附四部續稿讀佛經後目録

書佛祖統載後

書弘明二集後

附四部續稿讀道經後目録

附四部續稿讀道經後目錄

弇州山人讀書後

琅琊王世貞元美撰　姪士騄挍正

華亭陳繼儒仲醇定　長洲許恭訂

讀莊子一

余讀莊子而歎曰嗟乎世固未有尊老子如莊子者也夫尊孔子者莫若孟子而孟子之尊孔子不過曰孔子聖之時又曰吾所願則學孔子而已其談仁義辨王伯探性善推不忍往往發

揮所自得之藴以成其書固未嘗舉孔子之文言而訓詁之也莊子之所撰著雖極而至於尊天而無懷葛天之治其究必宿於老子之謂無名無欲無爲無言以至無始之旨挫銳守雌和光同塵絶聖智以應天下之法致柔守中抱一含峻食毋有精有信虛極靜篤以保一身之要與他所掊擊失道失德失仁失義之弊聖智之當絶棄展轉反覆亾所不持引或曲而暢之或

旁而通之且詠言之嗟歎之必使老子之道高出于堯舜之上其遺言下視乎六經而後已嗟乎莊子之尊老子不亦至乎抑不特尊之而已也而且老子之忠臣夫忠臣者揚主之善而諱其短凡老子之所稱張與奪枉曲直全骋堅用奇取大取小得志於天下之故稍近術而爲人所窺者則已逆料宋儒之見攻而闕之彼且以爲眞闕之也而其辭之剽攘弔詭身先陷于不

躂矣夫書不可以多著也多著而至於十餘萬言而其旨不過數百言而已是以雜而不可竟複而使人厭書不可以有意作也以有意而作之是以誕而不可信狂而使人怒嗟乎何莊子之忠於老子而不自忠也

讀莊子二

太史公曰莊子蒙人也與梁惠王齊宣王同時其學無不窺然要其本歸于老氏其著書十餘萬言大抵率寓言作漁父盜蹠以詆訾孔子之徒以明老子之術蘇軾記其祠而謂爲得老子之麤者莊子葢助老子特不可爲法而引楚公子操筆之僕隸其主而出之以爲愛公子而不知事公子之法凡莊子之言皆實予而文不予

陽擠而陰助之其正言蓋無幾至于訾詆孔子未嘗不微見其意其論天下道術自墨翟禽滑釐彭蒙慎到關尹老聃之徒以至其身皆以爲一家而孔子不與其尊之也至矣余謂太史公非識莊子之麤者軾乃識莊子之麤而巧爲之蔽者也當老子之時見天下之俗日趣于薄以至詐力相矯思太古之朴一見焉而不可得謂仁義之名實啓之則不得不惡其名而歸咎于

文武夫既歸咎于文武而追其自則謂堯舜之不能造極于無爲而以有爲啓之則不得不致歉于堯舜夫堯舜而至流于周之末若有如老子所云者不知聖人不能爲俗能因俗而裁成之而已不然以老子之知之卽無位而不使東周之郭十里之巷若畏壘而日就纖獪以有儀秦也莊子又後百年而生者也彼見夫仁義之日僞而詐力之日深且其身儳焉而苦禮樂之

拘纍我謂孔子實言之而其門人實廣之且天下皆以爲聖人彼又懼夫老子之教日不勝故於聖人之外立所謂至人以尊老子又往往寓之一卮語於孔子而必持老子之説以駕其表然又窺見孔子之眞爲聖而不可奪故間以一二格言寓之意若曰孔子之未見老子一格也其得見老子而受砭焉又一格也大意在尊老子而抑孔子旣抑之而又收之使爲老子徒彼

夫語道術而不列孔子所謂鄒魯之儒非邪且何以見尊至軾所欲去讓王説劒漁父盗蹠四篇而以列禦寇之齊續於陽子西游而爲一章則甚當雖然無救于所謂詆訾孔子也

讀書後　卷一　五

讀莊子三

蘇氏之欲去讓王說劒盜蹠漁父四章而以列子前後之續也無所據特以盜蹠漁父之排孔子甚而欲去之夫內外雜篇何嘗不排孔子也其排婉而深不若盜蹠漁父之直而淺也然而吾于蘇氏取焉所以取者何以莊子之文得之也凡莊子之爲文宏放馳逐縱而不可羈其辭高妙而有深味然託名多怪詭而轉句或晦棘

而難解其下字或奥僻而不可識今是四章獨讓王猶近之而太疑于正而是三章者故甚顯暢而膚淺其法類若禮經之所謂樂記儒行者意必莊子之徒托而爲之者也韓愈作讀墨而謂子夏之後流而爲莊亦無所據而王安石引之吾以爲不必自子夏氏若莊子者葢嘗受業於孔子之門而有得者也何以知其然也凡莊子之所談如君臣父子之大戒天機嗜欲之深

淺六經之用聖人之論議皆精切而爾雅卽田子方荀卿之所不能及特不若其治老子之深蓋游于吾聖教而中畔之者也太史公謂申韓之學出于老子故與之同傳唐人祖老子而離之吾以太史公信也夫所謂學不必其盡學也得一語而守之曰嗇曰儉曰國之利器不可以示人曰將欲取之必固與之此申韓氏之所貴也若莊子則無是也太史公又謂莊子梁惠王

齊宣王時人審爾奈何不使與孟子見而一相究詰也莊子非告子夷之比也其鬬必若涿鹿彭城之戰天地爲之蕩而不寧日月爲之晦而不辨夫莊子敗則逃之無何有之鄉而已然而不怒也孟子不敗也敗則怒

讀莊子讓王篇

讓王一篇或以爲漁父盜蹠說劒皆非莊先生所作而讀其辭則若差暢而近古于道亦不至悖苐中所稱堯讓天下於許由許由不受又讓於子州支父而亦不受支父疑即巢父也舜讓天下於子州支伯而亦不受支伯疑支父子也夫是三君子者不以天下易吾生者也舜又讓天下於善卷而亦不受此不以吾身殉天下者

也又讓天下于石戶之農而不受此以舜之德
爲未至者也皆入深山蹈滄海而絕其跡者也
湯克桀以讓卞隨卞隨沈椆水而死讓瞀光瞀
光沈廬水而死則何言哉夫所貴于不爲天下
者爲生也所以能近道者爲削名也爲名而自
殘其身則不智居潔而顯揚其汙則不仁許由
巢父事多傳之者或不妄其他或莊先生之寓
言或他人寓言之而莊先生爲記之要之不足

道特惜夫莊先生之自持論而自相悖者也彼卞隨瞀光者巢許五君子之罪人也而又何言也

讀書後　卷一

讀列子

吾始好列子文謂其與莊子同敘事而獨簡勁有力以爲差勝之于鱗亦以爲然而柳子厚故謂列子辭尤質厚少譌作最後稍熟莊子始知列子之不如莊子遠甚凡列子之談理引喻皆明淺僅得其虛泊無爲以幻破　于膚膜之間而莊子則往往深入而探得其髓其出世處世之精妙有超于揣摩意見之表者至其措句

琢字出鬼入神固非列子之所敢望也吾意列子非全文其文當缺而後有附會之者凡莊子之所引微散漫而列子之所引則簡勁疑附會之者因莊子之文而加刪琢者也柳柳州列子辨獨舉劉向所稱爲鄭穆公時人以穆公在孔子前百餘歲而歷舉列子在繻公時與其相駟子陽證其非夫列子引孔子不一而足是可知已又何必別引子陽以爲證且向寧不自知其

非鄭穆公穆之一字當由傳録者訛柳州之辨其所不必辨尤可笑也

讀墨子

墨子戰國一賢士大夫也孟子闢之以爲惑世誣民若不可一日容于堯舜之世者而後世如韓昌黎輩尚尊之以與孔子並稱而上媲于神愚以爲皆過也今讀其書大抵皆平治天下國家之道不甚悖于理如所爲入國必擇務而後從事國家昏亂則語之以尚賢尚同國家貧則語之節用節葬國家憙音湛湎則語之非樂非

命國家淫僻無禮則語之尊天事鬼國家務奪侵凌則語之兼愛然則墨子之言以救世主之藥石耳非欲執而爲世主之準也獨所謂棺三寸足以朽骨衣三領足以朽肉掘地之深下無菹漏哭往哭來及從事乎衣食若以爲薄而無當者然此亦中産之下之常至今獨不能改而探墨子之旨大槩激于一時王公大人之爲葬埋謂必大棺中棺革闠三操璧玉即具戈劒鼎

鼓壺濫文繡素練大鞅萬領輿馬女樂皆具必捶捈通壟輟民之事糜民之財如此而矯之以薄亦何不可且夫驪山之藏不下三載而焚掘殆盡卽漢唐宋以還諸陵寢亾不發者王公大臣貴家亾得完骨者厚葬之爲失不唯損天下之有用以歸無用戕天下之有知以供無知其究至于暴其親之骴以委艸莽餧鳶犬而横開天下椎埋劫殺之竅其罪加于薄葬者何啻萬萬

倍顧不之訾而徒墨子之訾何也且夫墨子之道行則世主必不能安宮室之侈與聲音綵色狗馬田獵之奉卿大夫必不能安趙孟韓魏之富而說客游士必不能安華陽碣石之居與後車數十乘從者數百人其辭而闢之者蓋不止一孟子也吾故曰微孟子墨子固不能久且大也然而所謂塞路者何也貧乏失職之徒假其說以干世主用之則貴且顯即不用而可以希

冀賢豪富饒之句施一廛一畝足以終其身而
已此非墨子意也爲墨子之徒而私之者意也

讀書後　卷一

讀尹文子

尹文子非僞書其言刑名者眞能言刑名家者也所謂智巧皆當與衆共之獨行之賢不足以成化獨能之事不足以周務出羣之辨不可爲戶說絕衆之勇不可以征陣是以聖人任道以夷其險立法以理其差使賢愚不相棄能鄙不相遺能鄙不相遺則能鄙齊功賢愚不相棄則賢愚等慮此名語也他所証多諸家書頗覈而

不倍道故存之

讀孔叢子

孔叢子吾夫子之世家乘也徵獻而文亦寓焉自子思以後世世爲諸侯師然而不能爲其國救敗辱焉無它諸侯者能以禮夫子之禮禮其後而不能屈以夫子之道用夫子之後之言故也子順所謀筴皆不悖于理而最後欲令魏陰媚嫪毒以圖苟全則大謬紕之就陳涉也以復焚書坑儒讎也卽死難何累哉獨敘世一章謂

琳子黃厥德不脩失侯爵大司徒光分所食邑三百戶請封黃弟茂爲關內侯茂子子國子國生子卬子卬生弘農守仲驩仲驩子立與劉歆友善歆故光同時人小可二十年耳是立與六世大父行友也立子元元子建仕王莽爲建戎大尹亦似太速疑必有脫誤

讀劉子

劉晝孔昭所作五十五篇其詞雖骫骳爽健而不悖理道識是非有布帛菽粟之致清神防欲知情韜光諸篇若李蒙莊之藩隱然若窺見者當六季之末而不墮月露煙華亦足貴矣鄙名以後小露問學無關本真兹則多生之餘習矣

讀書敏

卷一

讀子華子

子華子十卷自孔子遇諸剡而贈之以束帛于是著焉劉向序其辭以爲趙簡子奉纁幣聘之爵執圭而殺竇犢舜華子華子逡巡弗應簡子大怒將脅之以兵子華子去而之齊齊景公不能用也館于晏氏簡子卒而歸晋時已老矣遂不復仕以卒余得而讀之陽城胥渠章頗言陰陽之理亦有大致語而風輪水樞之說亦微近

穿鑿其辨黄帝鼎成升遐事甚詳然似是公孫卿以後語駁鄒子禮亦正然似是左氏以後語辭趙簡子聘章則模檀左文也晏子之事景公也不治阿且其言阿則烹與封之説也謂仲尼天也又曰轍跡病矣則門弟子之説也大道章頗言身中之造化時時及養生北宫意章則及醫矣是岐黄之説也凡子華子所言理在春秋時最近而文則廣有所剽擬誦之可也采而益

我可也然不可以爲眞子華子

讀書後　卷一

讀楚語論

屈到嗜芰有疾召其宗老而屬之曰祭我必以芰及祥宗老將薦芰屈建命去之君子曰不違而道柳宗元非之曰禮有齋之日思其所樂思其所嗜子木去芰安得爲道蘇子復非之曰甚矣柳子之陋也赫赫楚國若敖氏之賢聞于諸侯身爲正卿死不在民而口腹是憂陋亦甚矣使子木行之國人誦之太史書之天下後世不

知夫子之賢而唯陋是聞子木其恐爲此乎余則曰甚矣屈建之恐也而蘇子之好異也今夫取禮之輕者與食之重者比奚啻食重然則禮而輕也當其身尚不以廢食而況於其親乎哉從治命不從亂命恒也屈到之命薦芰亂也否也且夫芰與蔬簌等耳非若邕之痂長孺之爪甲腥穢而不可登席又非若銅雀之伎之淫侈也臨穴之殉之酷也宗老言之建領之撤一蔬

可以易益一豆不爲多國人何所誦太史何所書而天下後世何所知乎今以建之郤之又不能爲之諱而國人之媢新令尹者以爲不違道而書之太史傳之天下後世是揚先人之過者建之郤也不在薦也夫不忍于一薦之小禮而棄忘其父之嗜好其不孝小也急于揚巳之名而不諱其父之誤其不孝大也夫建也挾左右廣之甲而欲無禮于盟主之上卿棄諸矦之信

而不之顧此夷狄也而何有于小禮也其父生不得志于鼎俎而又銜建之鶩桀故示微于宗老而建卒弁髦之寧不違道也或云屈到之芰建可薦也建之不薦左氏可無稱也左氏之稱柳子可無非也柳子之非蘇子可無譏也蘇子之譏子可無衷也甚矣儒者之好持論也余無以對

書趙世家公孫杵臼程嬰事後

程嬰既已脫趙孤而謂公孫杵臼曰今一索之不得後必且復索之公孫杵臼曰立孤與死孰難程嬰曰死易立孤難杵臼曰趙氏先君遇子厚子强爲其難者吾爲易者請先死云云其後韓厥說景公與程嬰謀而劫諸將僇屠岸賈滅其族復與趙武田宅如故趙武既冠爲成人程嬰乃自殺以報宣孟與公孫杵臼或曰嬰可以

無死死過也予則以爲不然凡嬰之所爲存孤者誠難而杵臼死死誠易然天下之所覩者生死也所不覩者難易也自趙孤之未立而嬰所以生者爲趙孤也嬰故未嘗一日忘死也趙孤立而嬰生則食趙氏之報嬰能無死也杵臼死而以生授嬰嬰生而以死還杵臼夫豈直義至盡哉蓋有餘仁矣雖然岸賈亦烏可非也盾以不能討賊失之終然其始事可亮也岸賈以不能

匡雪失之始然其終事可取也盾既爲法受惡
而未有能表岸賈者也

書伍子胥傳後

伍子胥勇烈徇志丈夫也謂之盡孔子之道則不可謂之悖孔子之道亦不可孔子之事魯也幾微不合輒去之又曰父母之讎不共戴天不合而去有新君在矣不以事新君爲二心也孟子之言君之視臣如艸芥則臣視君如寇讎孟子過矣艸芥其親寇讎之可也艸芥其身寇讎之不可也平王淫太子之婦而欲廢太子推枝

以僇其太子之傳而併及其兄卽商受何啻焉受不僇文王不僇太公武也何以斬燼餘之頭而懸太白鞭屍非過也情也亦理也吳王僚信子胥之言謀伐楚而光阻之不以怨光而進專諸俾刺僚而奪之位蓋審僚之不能得志于楚也光爲之破楚以伸志故竭力而事之又爲其子竭力而報越雖其必不赦越也欲以爲奢者爲光而夫差弗信也社將徙矣力諫而死之知

以智也能死忠也若子胥者於君臣父子之間可無媿也太史公稱吳以子胥謀西破彊楚北滅齊晉南服越人信哉獨所以彊吳之蹟備于吳越春秋而其辭不雅馴使子胥之志明而材不盡顯以此少泯泯耳或謂子胥之托子於鮑氏何居曰彼蓋傷奢尚之幾絶而强延之以孝托也吾故曰子胥者不悖孔子之道者也

讀書後　卷一

書樂毅傳後

樂毅之破齊凡五載而功不就至以讒間去天下惜之獨蘇子瞻謂當其時使昭王尚在反間不得行樂毅終亦必敗何者燕之併齊非秦楚三晉之利今以百萬之師攻兩城殘寇而數歲不決師老于外此必有乘其虛者矣諸侯乘之于內齊擊之于外當此時雖太公穰苴不能無敗愚以爲蘇子之論事勢審矣獨未能悉樂毅

也夫樂毅者夏侯玄之所謂仁人也彼非獨仁人也而又且智彼其合諸侯而擊齊一戰而大破之臨淄下湣王走死齊之重器奇瑶悉輸之燕中矣如是而不急攻莒卽墨者以爲二城彈丸之地不足爲吾害莒南近楚急之則必借楚以爲我敵卽墨東近海死守虜耳急之則多殺士卒而未卽破而齊故數百年大國也其人彊武而習兵且易以亂故必緩而用威德撫循之

旣久而齊人皆爲燕矣夫豈直爲燕彼且以樂
毅眞吾主然則毅之兵固未嘗五載而盡頓于
二城之下也以故新主立而南面之間得行騎
劫代之勢不得不盡銳以攻卽墨而又以新將
故不識地利而恣爲暴燕人失毅而離齊人失
毅而振莒不待火牛出而燕之敗形成矣且諸
侯之所以不窺燕者自有說夫以齊舉宋而伐
之燕舉齊而不伐非獨妬齊而厚燕也謂湣王

之不若昭王治也謂湣王之待諸侯倨而昭王之待諸侯恭也謂湣之舉宋而暴宋不若毅之舉齊而拊齊也且騎劫敗而諸侯猶偃然以此知蘇氏所論誤也不然使毅而有可訾則惠王必不悔而召之召之不歸而何以封其子高帝異代主也毅之後何以無功而封孔明三代才也何以自比毅而人猶未之許也若蘇子者眞所謂以成敗論者也

書司馬穰苴孫武傳後

司馬穰苴孫武天下之言兵者歸之穰苴兵法不可見所見獨孫子十三篇其精切事理吾以爲太公不能過也而太史公獨稱穰苴兵法閎廓深遠雖三代征伐未能竟其義如其文若爾穰苴其尤勝邪然太史公於穰苴則僅詳其斬莊賈于孫武僅詳其斬愛姬而已以爲用兵之道一賞罰盡之矣雖然以穰苴之善用兵而使

燕晉之師得脫而罷去追擊之僅收所亾境內封地耳不能大有所摧敗也景公尊爲大司馬而委之政其時亦可以有爲何不脩桓公之業而廓大之卒見擯于高國以死至于吳之彊伍員力耳柏舉之戰雖能乘勝入郢而班處其宮使秦師得用其救再合再敗而後歸又不能預防夫槩之爲內孽安在其爲武也太史氏又稱其北威齊晉顯名諸侯恐亦附會之過當其時

武必先死矣不然而檇李之敗績會稽之許成
舍腹心之越而從事于石田之齊武胡爲不諫
救也太史公亦云能行之者未必能言能言之
者未必能行蓋頗見微指云穰苴之兵法大約
威王使臏忌輩增飾之晏子春秋亦一及其拒
景公宴遊事亦略可証

書呂不韋黄歇傳後

自古至今以術取富貴秉權勢者毋如呂不韋之穢且甲然亦無有如不韋之巧者也凡不韋之所籌筴皆鑿空至難期而其應若響彼固自天幸亦其術有以攝之至于御倡而知其孕必取三月進之子楚又大期而始生政于理爲難信毋亦不韋故爲之說而泄之秦皇使知其爲眞父而長保富貴邪抑亦其客之感恩者故爲

是以詈秦皇而六國之亾人侈張其事欲使天下之人謂秦先六國而亾也不然不韋不敢言太后復不敢言而大期之子人烏從而知其非嬴出也黄歇之爲姧大類不韋而行之於爲相之後尤不義第其始之脱太子雖若鈎奇然甚勇而忠史固稱其博學洽聞覩所上秦皇書不下韓非子以一富貴之戀而積慮處事若𢓱蜮然亾身滅家而不覺豈不可悲也哉春申君不

當稱四公子賤諜貴疎間親與文信侯竝而稱可也

讀書後　卷一

書蔡澤傳後

蔡澤以唐舉一言之激袖手而入秦乘應侯之自危出不窮之辯杜其口伏其意安然而據其相位若承蜩然智者以爲蔡澤之用應侯然不知應侯之用蔡澤也夫穰侯者秦太后之懿戚而四十年之信臣也應侯以一亾命扼掔而奪之此非特乘穰侯之瑕其材必有以大勝之者夫應侯相而穰侯日見短則應侯之相日益固

應侯之相日益固則穰侯終不振當應侯之爲相也竊君以行威福專意以酬恩怨人主非不知之特欲伸其所大欲耳武安僇鄭安平叛王稽見法人主之大欲不盡酬而應侯且無以自解蓋嘗彷皇而左右顧求其人以託稅駕之地而不可得既而微知有蔡澤者游學干諸侯小大甚衆而不遇其困甚矣澤之與應侯又非有相知之素也其曷鼻雕顏蹙齃膝攣非能長富

貴者也與之語頗明消息盈縮之理而非有押闔操縱取天下之深計者也夫困極則易爲德非知素則深見恩不能長富貴則無與謀傾人之計筴者明消息盈縮之理則必不忍蹈前轍無押闔操縱之深計則必無以見其長而形吾短故幡然而薦之天下皆以應侯能用賢而應侯之過自是無以聞于昭王者蔡澤而稱邪昭王固賢應侯其不稱邪則益以賢應侯謂亾有

能及之者自是而據金印擁高貲而老死于東第無患矣彼荀卿之於黄歇韓非之於李斯一以師一以同學而材皆勝之固歇與斯之所畏而不欲用者也宜其困且纍死也

讀黄石公

黄石公素書六篇至爲淺顯孔老荀卿之所雅言者豈别有不傳之祕以授子房而此則約其凡爲可示人者哉不然當報讎大索之後跪而進履于圯橋與夜半不失約子房已思過半矣何用是素書爲也

書項羽傳後

吾少時閱書至夜分而困欲寐輒取項羽傳誦之卽灑然醒以爲非羽不能發太史公筆非太史公無以寫羽生氣羽之罪其大者在弑義帝坑秦卒二十萬人僇降王子嬰耳其惡不待言然彼皆有以致之義帝亦了了者第不免儒而腐夫一牧羊子耳王於項梁之手見梁敗而不羽之恤遽奪其軍而又不使之入關其救趙也

又使之爲次將而所聽令者羈旅庸奴之宋義彼其心固已怏怏于帝殺宋義而楚卒屬之矣列王離破章邯而諸侯屬之矣破函關而秦屬之矣其目中固已無義帝矣猶貌而使人請命帝但委之于籍且猶不能免而曰如故約籍能無恨也夫豈獨恨也當疑其與沛公結而圖籍義帝擁空名于上欲以承平之君臣而御怏怏之悍覇倒授太阿之柄而觸其鋒能不立碎也

雖然義帝者腐而不失其正者也新安之坑子嬰之僇葢天道也彼諸侯之卒積數世而其首皆納于秦庭凡在者皆秦卒之刃餘也又皆其子孫也幸羽一其心焉孰不爲之揮戈者子嬰之降自降沛公耳非降羽也六王之身有屠而死者有囚而死者有飢而死者夫負芻非羽故君而燕及梁非祖父邪誰能忍之故曰有天道也至楚漢之爲訟則羽之負漢者一而漢之負

楚者三羽之負漢不王關中而王巴蜀而已當羽入關與沛公兄弟也又皆楚臣何必距而不納其負一也鴻門之會不殺而封之巴蜀甫就國而兵東嚮其負二也然猶有可言者至太公甫脱高俎盟血未乾而反戈尾其後其負三也羽自得罪義帝耳不得罪高祖高祖死何以見羽地下哉余故友宗臣每酒間大呼吾寧不成而爲羽不能成而爲高祖且謂高祖易與耳余

笑曰若言高祖易與則過高祖遇羽而拙故思以拙勝之若固見其拙以爲易與耳不然彼章邯黥布豈碌碌者何以取之若寄哉

讀書後　六　卷一　三

書蘇子范增論後

蘇子之論范增甚奇而其爲書生於事體則甚闇夫卿子冠軍何人也以一言之偶中而懷王拜之爲上將軍其智勇未聞也章邯既破項梁而殺之楚人之膽奪矣移兵而渡河以大破趙人趙人之膽奪矣趙舉而秦彊夫以已破之楚膽而當方張之秦勢且皆半菽之飢腹而冰霜不完之指唯有解甲而逆潰耳義送子相齊葢

欲以爲遁宄而僥倖于目前之未戰乃佯爲大言以壓項籍籍不殺宋義趙必下楚必潰楚之潰在呼吸之間而無他術可以解爲籍計者何以不殺義也增于此時去籍則秦追僇亾楚之末將而族之必也籍勝則恨增以爲宋義之黨而先去以爲三軍之望族之亦必也卽兩俱免族而當叛臣僨將之名爲增計者何以去也夫增奇策士也豈惟不去而已當與籍謀而殺義

不然何殺義之後事事曰取增計而尊之爲亞父也然則增不當去乎曰有坑秦卒二十萬人失仁失仁法不足以取天下一當諫也違義帝之約而王漢王楚失信失信法不足以取天下二當諫也弑義帝失義失義法不足以取天下三當諫也諫不從則去之去之而無忿懥之跡以完其身可耳若殺卿子冠軍何以去也

讀書後　卷一　三

讀陸子

陸賈縱横者流耳而所撰十二篇皆淺顯無甚俶儻之見而亦不詭于道或謂非賈書不然也使後人僞爲之則必詭其理雄其詞而張皇其事矣賈固時時近儒者高帝不讀書故驟而歎其雄博其意不在馬上治故徐而益有入焉彼其他所以拊尉佗和平勃皆正論也是故率以富壽怡樂終而不爲食其之烹蒯徹之巫也説

固有道矣

弇州山人讀書後

琅琊王世貞元美撰　姪士騄校正

華亭陳繼儒仲醇定　長洲許恭訂

讀淮南子

史稱淮南子撰內書二十一篇外書甚衆又有中篇八卷言神僊黄白之術亦二十餘萬言今其存者內篇而已而又亾其三篇讀之知其非一手一事也其理出於文子莊子列子其辭出於呂

氏春秋玉杯繁露慎子鄧析山海圖經爾雅其人則左吳蘇飛李尚田雷被伍被之徒各取其長而未及衷以故多錯綜重複不受整束而淮南王之材甚高其筆甚勁是以能成一家言蓋自先秦以後之文未有過淮南子者也其書爲劉向所纂集中篇之亾當亦自劉向爲更生時故當得其枕中之鴻寶而作黄金不成幾陷大辟父得惡謚是以諱而去之夫淮南王好神僊身

坐死而遺禍及更生亦幸而存哉或曰淮南王
眞僊去不死者也漢以法誅王求王不得而諱
之

讀書後　卷二

二

讀賈子

賈子上下二篇其上篇皆誦説時務其事與辭皆載治安策中不知其書成自擇而上之邪抑以其書上之而爲班固之所裁節邪下篇則兼論德政援據古昔然論政則有餘論德則弗足矣人言文帝不能用賈生者妄言賈生不能用文帝者亦妄梁大國也懷王上愛子也以賈生居之葢非久而入爲公卿矣生死而文帝次第

行其言孰謂賈生不用哉夫賈生用而不相陸贄相而不用則其君有昏喆也

書齊悼惠王世家後一

齊悼惠王肥者高祖之庶長子也哀王襄者悼惠王之元嫡也文帝者高祖之第四庶子也惠帝崩有二子皆疑當廢哀王立而考惠帝于事正于序宜呂氏殁諸呂謀危漢哀王發兵入討之爲外主而諸弟朱虛侯章爲內主奪產祿之鬼而誅之功最大兵發而謬召平詐取瑯琊下濟南材至高諸大臣絳灌曲逆畏哀王之武而

貪文帝之仁弱舍此而立彼僅還所奪之郡一
侯其舅駟鈞以小慰觖望而已哀王以是歲薨
而文帝至爲令主比德三代傳世二十寧非天
哉二年王章王興居然皆背割梁趙盟皆析齊
之壤而封之以失職怏怏章死而興居叛誅十
二年志在王濟北十六年辟光王濟南賢王菑
川卬王膠西雄渠王膠東皆悼惠子也吳楚反
其不從反者僅一齊地而已雖王之尚未慊于

志也絳侯下獄駟鈞享國薄昭誅死外家之說
胡據哉

讀書後 卷二 五

書齊悼惠王世家後二

吾嘗謂高帝有材子孫四人文帝亾論矣如意少而當帝心以爲類我不幸夭耳必有以類高帝者哀王襄景王章皆椒宫少年子也不畏高后之餘威不虞諸吕之彊力哀王鳩東海之烏合突起而西向章以北軍千餘之卒逐吕產而殺之悉殲其族黨非有膽勇謀斷誰能勝焉絳侯之與諸大臣共議謂駟鈞虎而冠恐以外家

握權而亂天下而置之非本心也其意實患哀王之果銳且其舉兵時名以誅諸呂則必以薄諸呂之共事者慮他日之見誅而貪代王之仁弱建策立之夫舍有功之齊而推不意之代王王必德我嗟乎庸詎知絳侯廷尉之獄不在哀王而在文帝駟鈞老于徹侯而薄昭以暴橫戮也抑不特此博陸侯光之立昌邑王有廣陵在也不聞昌邑之賢于廣陵光固難廣陵而易昌

邑也昌邑廢而援宣帝于民間而帝之天下之德光孰有過于宣帝者然而族光者宣帝也徐羨之等之廢廢帝也而先以法除義眞爲義眞言斂銳故預廢焉以爲文帝地不知誅羨之等者又文帝也勃之戹光之族羨之等之誅雖必不盡出于公然而是諸臣者所樹皆得人以成一代之治所以報之者亦少恩哉

書賈誼傳及蘇軾所著論後

余少讀蘇軾所爲賈誼論謂非漢文不能用賈生乃賈生之不能用漢文爾而中有云絳侯新握天子璽而授之文帝灌嬰連兵數十萬以决劉呂之雌雄又皆高帝之舊此其君臣相得之分豈特父子骨肉手足哉賈生洛陽之少年欲使其一朝之間盡棄其舊而謀其新亦已難矣爲賈生者上得其君下得其大臣如絳灌之屬

優游浸漬而深交之使天子不疑大臣不忌然後舉天下而惟吾之所欲爲不過十年可以得志安有立談之間而遽爲人痛哭哉觀其過湘爲賦以弔屈原悲欝憤悶趯然有遠舉之志其後卒以自傷哭泣至于夭絶是亦不善處窮者夫謀之一不見用安知終不獲用也不如默默以待其變而自殘至此吾未嘗不伏蘇氏論人之當揆事之長而歎賈生之無辭以自解其後

得班史之所著傳而讀之然後知蘇氏之工于揆事急于持論而不盡悉故實也夫賈生之始建議改正朔易服色制官名興禮樂固非絳灌之所喜而實亦非絳灌所深惡也其所深惡者在遣功臣列侯就國而已故假以紛更之罪而譖之帝帝亦因其譖而姑出誼以慰安之且欲老其材而後用之耳非果于棄誼也何以知其然也諸王太傅在王相下與郡守等自大中大

夫而出不爲左特以長沙卑濕且一異姓貧弱之王其跡似棄耳亾何而召見宣室自以爲弗如而徙傅梁梁大國也梁王愛子也誼不死即入而九卿矣故曰帝非果于棄誼也誼亦非悲欝侘傺而至死者何以知其然也弔屈之辭雖若以自擬而實譏其不能自引而高逝賦鵩之辭雖若以自弔而實歸之知命而不憂其所上治安策有可爲痛哭長太息者蓋在召對宣室

與傳梁之後也所謂立談之間而遽爲人痛哭者豈實錄哉且賈生之自傷在爲傳無狀且哭泣以悲梁王之墮馬而死非以不用也壽夭有命生之天又焉知非其命之盡而歸之自傷又歸之不用寧非寃哉史既稱絳灌之惡之而絳侯之就國以一言告訐而逮繫誼以待大臣之禮風之而上遂幡然改誼不絳侯之怨是脩而脩國體抑何厚也劉向所以深惜之而軾不之

知也夫誼死而文帝次第用其言誼雖夭不爲不用也吾固曰蘇氏之工于揆事急于持論而不盡悉故實者此也

書司馬相如傳後

司馬長卿不羞其淫奔之卓女而自紀其事使史家傳之以穢後人其文辭之美麗固不能相掩而子長復謂其與卓氏婚饒于財故其仕宦未嘗肯與公卿國家之事嘗稱病閒居不慕官爵似未盡得其意者長卿固智人也方其一出使而太守郊迎縣令負弩婦翁臾之易恥以爲榮而又成闢土之功名於願已滿矣逆知武帝

之易封而亦易僇故避而吏隱于文園擁國色
發揮文詞以自娛樂不亦泰哉彼其材已試于
西南夷武帝固心器之矣使小與公卿國家之
事而取通侯之印擁公卿之組固不難其與主
父吾丘買臣嚴助輩駢首于東市亦易也王子
猷蓋知之是故不取井丹之高潔而取長卿之
玩世者所謂智也

書霍光傳後

當武帝之末海内虚耗盜賊羣起强藩壯王睥睨于外而博陸宣成矦以宿衛之庶臣無三事九伐之素寄擁八歲之幼主而御宸極中外之孽不作公私之庚漸充能使其君晏然而信之一日而僇貴主覆悍社收椒宫之祖父與副相之重駢首就屠而亾後言廢一君立一君若承蜩而亾它變此非有洸毅獨斷之略周詳萬全

之處不能也其所以胎禍者驂乘之芒刺而罪至于不可解者宮掖之酖毒而要之有天道焉武帝雄鷙好殺光固已心儀之少府徐仁廷尉王平之議獄不當而已胡至死也昌邑王之淫亂不足以當宗社之寄卽有之其從官坐不諫正削秩禁錮可耳胡至二百餘人悉棄市也王莽之子妄言以莽故寬之可也胡至使父酖其子田延年之決于廢立功非小胡忍以詐取平

直事必置之自盡也凡光所持三尺寧過毋不及是以宣帝一時不勝法拏僇而無遺亂寧非天也然帝能誅光之子孫而不能盡削光之忠猶像之麟閣以寓其思侯封之績及于旁胤中牢之祀迄于東京則光固有以自剖别哉

書淮南厲王傳後

淮南厲王驕恣不奉法其所論獄若爲黄屋擅拜丞相爵關内侯收聚諸侯王人亾命賊殺無罪人法皆可以死而坐以謀反則未也以文帝時天下若金甌而又最稱理卽病狂喪心者亦何敢以蕞爾彈丸之地而與之抗且夫男子七十人輦車四十乘反當何所爲也使閩越匈奴以市明珠良馬或有之夫越數千里之外徼荒

服之夷虜而爲期會欲與其人相應合世固無是理也當是時天下之人實知之以故文帝之賢厲王之暴而尺布斗粟之謡所由起不然而文帝亦何至終愧悔邪其子安之反則有之葢憤父之死矜已之才而窺武帝之有釁也亦可謂不智矣雖然王安之謀反固也然而未成反也學仙者流則謂王與八公者習不死術而流言聞于武帝帝使按之卽與八公俱上升帝恐

其爲天下惑而别起鬨如後之戾太子子輿事而稱其自殺以苟完獄耳以故心豔其事竭天下之財力求爲神仙而不可得劉向去安時無幾得枕中之遺籍而寶習之此寧非明徵哉獨所謂八公者有左吴伍被雷被夫左吴首禍者也伍被首反者也雷被告變者也雷被用而左吴伍被誅意八公自有人不然吾未見三子之能仙去也班史不當與伍被别作傳當附之安

傳蒯通亦不當別作傳當附之韓信傳江充當附之戾太子傳息夫躬當附之董賢傳嗚呼孰謂班史有定識哉

書張安世傳後

張湯之于安世父子也其才智强記同然而湯刻而憸安世慎而共湯膽大安世小若是乎薰蕕也然而有不可曉者湯廉而安世貪也劉向之于歆父子也其才氣學問同然向爲劉氏而攻王氏歆爲王氏而削劉氏其忠逆異也他若石碏之忠而厚逆也賈逵之忠而充逆也桓彝之忠而温逆也黄權之降敵而崇死敵也沈充

之逆而勁忠也李懷光之逆而瓘忠也所謂父不得而子者寧獨堯之丹朱瞽叟之舜舜之商均鯀之禹也雖然子可以有不賢父父不可以有不賢子則子尤重哉

書漢武帝時功臣侯年表後

世稱漢武帝不愛通侯之賞以鼓舞世之趣功名者故能破匈奴滅朝鮮舉甌閩卷南越闢滇蜀而增益天下之半然所謂封侯者殊不可曉而所謂罰者亦未盡當也今夫丞相天子所與共理天下者也固當以賢舉藉以不侯而不丞相固不可以丞相不功而與之侯尤不可也孰若侯其相道得而後侯之乎乃至遂舉之以爲

側使田千秋以一言而相又緣相而得侯何也卜式請以父子擊南越賞之可也而與之關內侯不可也孰若賞而聽之往功成而後侯之乎欒大一妄庸人耳而遽以之爲上將軍而侯之以五千戶之封孰若俟其驗而人主之壽益而富貴之乎大將軍青之破右賢王得其將校人畜至數萬計益封可也而益之至八千七百戶其三子皆襁褓而悉封侯不已濫乎其最後帥

師圍單于斬首鹵級萬九千使其王叛而稱其主號而不盍封及至將校俱不得矦何也戾太子自經于泉鳩里之舍男子張富昌蹋戶而入令史李壽昌趨抱解之太子而生矦之可也不生賞之可也胡至聯翩而矦邪題之邑乎上官桀之破郁成得其王于康居而使四騎縛送之貳師所恐其有失也騎士趙弟拔劒斬之無可賞也桀不過轉一官爲少府而弟胡以矦新時

乎至于罰之不中節尤有可言者荀彘之縛路博德以爭功相疾棄市然樓船之始敗于朝鮮旣以左將軍勝而後合兵又陰與敵和非無罪者也公孫遂之往天子知二將之異使正之且許有便宜得以從事遂與左將軍謀而縛樓船非矯制也左將軍誅遂亦可誅乎左將軍卽可誅朝鮮平矣獨不可以功贖乎張富昌李壽昌以太子侯田千秋以白太子寃侯而太子無罪

之嫡尚繫之獄何也弟所謂罰亦就一侯事舉而及之耳其他死于酷吏之手而决于一時之怒不可屈指數也嗟乎武帝以人主之威天下之力驅之誘之幸而成功名于將亾之敵孰謂其能鼓舞哉

書班史酷吏傳後

太史公敘酷吏中有張湯杜周以湯逢武帝之忮而道以深文故所以描寫其情狀不遺力即小廉薦士不没之然不以貴也班氏之稱湯謂辨當否國家賴其便又云湯周子孫貴盛故別傳噫何足訓哉太史公之誅湯誅意也吾獨恠夫郅都骨鯁廉信士也爲濟南守滅瞯氏首惡餘皆股栗而巳不若義縱王温舒之妄殺也

爲中尉行法不避貴戚列矦宗室側目而視而已又不若温舒之諂事有勢姦如山不可犯也爲雁門守匈奴不敢犯至爲偶人象都令騎馳射之莫能中都固糾糾干城也其罪獨有臨江王詣中尉府對簿欲得刀筆爲書謝上而禁弗予意以爲上親子吾不敢廢法又如是而已非有所迎徇深文煆質也身之不免而被以酷名寃哉田延年增車牛直剋貲三千萬罪固有之

然其爲河東選拔尹翁歸等爲爪牙誅鋤豪强亦如是而已翁歸能臣也必不爲濫刑延年于廢立有大功何至等之酷吏哉郅都死矣寃于太史公田延年死矣復寃于班氏吾以爲二史亦深文者

書涼州三明傳後

余讀涼州三明傳若威明然明皆廉節好讓有將帥材著績中外而皆不免爲名使威明尤好之甚至自疏爲黨人而上不之問夫明哲保身者固若是乎大將軍武太傅蕃之有朝望志除宦官誰不知之豈有所徼而不知本謀者然明亦不過于生死是非之際一時不能决擇耳既成而始悔辭爵不拜追理武蕃之寃表薦李膺

王暢以與閹宦抗雖曰晚矣猶知有不遠復者紀明眞將材也當西羌之爲梗鄧騭挾元舅之尊秉大將鉞以天下全力與之角而不勝幾棄涼州頰以孤軍轉戰十餘年長矛勁弩奮其膂力爲之盡非其材之過人疇克如是晚節與中官比冀以全身而竟身殉之良可歎也陽球爲酷吏非有腹心之素一疏而誅中貴人父子立𣲐上台奪帝所甚愛而除之漢事故不可測哉

書揚雄傳後

自孟子歿而有荀卿氏荀卿歿三百餘年而有揚雄氏中間若董仲舒之正毛伏以下之專于其經術若有裨焉而未有立言以維持道統者揚雄氏始準周易而爲太玄準魯論而爲法言法言之所結撰要在于尊周孔辨術經治一時已稱述之至昌黎氏而尊涑水氏而信涑水氏之於孟子不能信而獨信揚雄氏揚雄氏之出

處其先亦未有訾之者獨不能不推致恨于劇秦美新而紫陽氏之著通鑑綱目直書之曰莽大夫揚雄死蓋舉市國之褚淵歷姓之馮道所不加者而加之于是雄之名遂溷人之齒頰而其身毋所容于聖門之籓籬矣及考其傳而推之則事不必盡然而情亦有大可原者當雄之游京師而給事黄門也成帝之世與王莽劉歆竝哀帝之初復與董賢竝莽賢皆至三公負貴

勢所薦引立擢而雄三世不徙官及莽篡漢劉歆輩皆用符命頌功德而雄復不疾以耆老久次轉大夫則其不附王莽可知然所以濡滯而不去者以去則莽必恨之恨之則必追而戮之即不恨必且召而有龔勝之事雄見夫莽雖奸然自唐虞以後所創有而未嘗稱干戈以剪劉氏之社稷而身又不當扞圉之任如是而死孔門之所不載而微箕之懿戚尚且受封于周而

謂之仁是以浮沈待盡以存五世一綫之息耳至于劇秦美新故不見本傳卽有之亦投閣之後不得已冀以瓦全且所劇者秦耳而不及漢所美之新美于秦耳不美于漢也不然涑水氏能斥馮道訛介甫而獨雄是恕乎哉紫陽氏之深意吾固已知之卽文中子之賢尚議其僭攻其瑕而宋之統遂接孟子矣何況區區一雄哉

書鄧禹傳後

鄧仲華有遠識蕭張流也然而非大將材也其心寄雖已篤而齒尚甲名位尚輕戰事尚未練一旦中分六師之半崇以三公之位而委之關中之大敵竊以爲光武誤也斯道也高祖葢深知之故根本付之酇矦謀畫寄之良平而大將之印獨舒徐焉必待淮陰而後有所歸彼于料已料敵審也夫史稱光武諭河西其將吏皆臣

服以爲天子明見萬里外雖然此一事耳吾以爲明不如高祖高祖以數萬衆授一釣者佐以覊旅之降王而不之制裂地以予未輸膽之大盜而不之惜得一叛王以巳之供供焉而不之疑若光武者猜麗萌抑隗囂薄彭寵而致其叛于呼吸成敗之際不爲明且遠也我高皇之善任也實與漢高並是故韓公誠意跡不蹈行陣而中山開平歲不絶受脤之託彼皆

各當其用也然則善將將者毋若漢高之與我
高皇也

書黨錮傳後

黨錮中當以李元禮爲第一陳仲舉次之竇游平擁后父之尊迎立嗣主此不過人臣之常節耳而身攺大國一子二從皆封矦握兵縱遂能聲宦官罪而盡誅之何以服其心使無語邪元禮文武材也惜不善用之耳史稱其蘊義生風以鼓動流俗激素行以耻威權立廉尚以耻貴勢此三者誠有之夫豈惟非明哲保身之道卽

所以樹臣節而全國體者亦未當也林宗雖曰
遜言危行終享時晦亦是由早逝耳使得及陳
竇之變恐亦不能免也諸君猶之可也張元節
岑公孝不勝其剛腸肥腦陷府主于大辟而身
竝亾命元節之所株累爲之捐城委爵破族屠
身至數十百所嗟夫是不可爲范孟博乎縱不
復愧諸死友獨不愧翟超成瑨乎哉且也賢者
不必皆黨錮黨錮亦不必皆賢劉景升不臣張

遂胡毋班不擇比胡以終也葢十餘年而欲挾
匹夫之持論與朝宁相抗者吾不知所終矣

讀書後　卷二

書蘇子瞻諸葛亮論後

蘇子瞻以仁義詐力雜用而取天下爲孔明之所以失而謂劉表之喪昭烈在荆州孔明欲襲而取其孤昭烈不忍其後劉璋以好逆之至蜀不數月扼其吭拊其背而奪之國其與曹操異者幾希矣曹劉之不敵天下之所知也言兵不若曹操之强言地不若曹操之廣言戰不若曹操之能而有以一勝之者區區之忠信也孔明

遷劉璋既已失天下義士之望乃始治兵振旅爲仁義之師東向長驅而欲天下嚮應難矣凡蘇子之持論甚至而事甚美雖然吾以爲蘇子書生也不識理勢且又不讀書不攷其時事夫荆州用武之地孔明之初見昭烈已言之昭烈不得荆州不可以抗曹氏曹氏不得荆州不可以滅昭烈而扼江左之上游然則曹氏未嘗一日而忘荆州與昭烈也昭烈以左將軍領豫州

牧劉表僅鎮南將軍領荊州牧其位在表上特以羈旅相依粗具契誼非有君臣之分也表天子之一刺史非世守之國也表兄也昭烈弟也兄終弟及非過也取之固可否則取之而表琦爲刺史而身輔之以拒曹氏亦可昭烈之不忍固仁也而孔明之計非不義也當陽之敗幸而夏口尚有歸又幸而孫權不與曹氏合耳不然昭烈之首已懸之許昌矣吾固曰蘇子不曉理

勢也昭烈之入蜀劉璋逆之欲破張魯孔明不在行也其卽會而欲掩劉璋者龐統法正也而昭烈不忍也既劉璋微覺之而不給軍食所至以兵守關隘昭烈欲歸荆州而跋尾之不然且立槁矣劉璋焉子也焉不卹宗室之阽危而據險自固朝貢俱廢又擅造郊祀乘輿法物非叛臣而何璋之立未請命也曹氏之拜官曹氏與國而已仗義以討之夫誰曰不宜吾故曰蘇子

不讀書又不攷其時事蘇子又曰曹操既死子丕代立當操之臨終召丕而囑之植未嘗不以譚尚爲戒也而丕與植相殘如此其父子兄弟且爲寇讎而況能以得天下心哉此有可間之勢不過捐數十萬金使其大臣骨肉内自相殘然後舉兵而伐之此高祖所以滅項籍也愚以爲蘇子蓋不特書生而已一妄庸人囈語也夫自古捐金而間者豈唯漢高秦始之于趙魏亦

有之矣夫秦之間信陵李牧其勢固已如太山壓一卵而當時信使游客車相錯而無禁高帝之與項籍兩軍相拒不過數十里信使游客亦不絕而後皆得以行金而爲間今魏蜀之使不通而闞譏若戟門誰爲之行金兩國之臣非故交誰爲之通間且夫丕嗣之三月而篡漢篡之踰月而召植而囚之若孤豚又其大臣皆曹氏之心腹也夫間必自隙入所謂隙者安在也夫

守義而責其所當得之吳蜀廢義而言其必可乘之間抑何前後翻覆也吾故曰蘇子者一妄庸人囈語也

書諸葛亮等傳後

孔明與子瑜爲親昆季而公休則從弟也孔明爲漢丞相秉國鈞子瑜至大將軍亦參預吳大政而公休仕魏至司空各以身分事三國而不相猜又皆三公也又皆自致功名封徹侯而公休獨不終卽世說所載蜀得其龍吳得其虎魏得其狗而公休之望實俱下下矣第考其行事恐公休亦不分爲狗也在洛下與夏侯太初齊

名爲吏部郎中丞尚書皆有望實出鎮壽春使一方肅駴及敗死而麾下數百人無一降敵者且曰爲諸葛公死不恨此豈常人所能及哉抑不但公休而已也即子瑜之子元遜其材亦孔明流亞也識度故不及耳元遜事效孔明孔明相幼主則亦相幼主孔明伐魏則亦伐魏孔明斬馬謖則亦斬朱異孔明責李嚴則亦責李默循跡而效之此其所以愈速禍也且夫山越

之收何下于孟獲之禽而淮南之勝亦有光于祁山之捷最後頓兵堅城以疫退舍雖損失亦不至斜谷之敗也其所以人情相徑庭後事遂胥壤者孔明容元遜疎孔明靜元遜躁孔明遂而順元遜遂而倨孔明嚴而仁元遜嚴而刻耳嗟乎孔明之忠漢也與子瑜之忠吳也思遠之繼孔明而死忠也尚之死孝也壽知之亦能言之公休之忠魏也壽不知之矣後世尚能知之

而元遜之忠吳也後世亦不知嗚呼壽不唯不知也而列公休于鍾會列元遜于孫峻孫綝不亦冤哉

壽元遜之初輔政其聲望赫然每出百姓延頸思見其貌而淮南之役覆魏之全師而取之中原大震其後雖不利亦不至掩前勝也何三月之間而頓失人心以至覆宗僇身爲世尸實乃爾蓋孫峻之徒畏其嚴忌其盛而

搆之少主未必皆實錄也嗚呼人固不可以
成敗論哉元遜滅于吳而仲弟喬有後于蜀
公休滅于魏而少子靚有後于吳其子復顯
于晉思遠與子尚俱徇節而季京仕晉爲郎
天之巧于全賢者後若此

讀書後　卷二

書馬謖傳後

馬謖之所譚攻心爲上攻城爲下心戰爲上兵戰爲下雖太公孫武之爲法孰能過之然張郃一騎將耳以翼德之寡謀提之而有餘謖用孔明之成師一戰而沮壞不復振者此心戰之論豎儒之所傾聽而街亭之所繇敗也孔明未能盡離儒者是以輕信謖而大用之其後誅謖是也習鑿齒之論孔明得其誅而不得其所以誅

也魏延吳懿可用而不用其不平久矣苟惜謖不誅何以使之服自是而更有失律者何以獨行法獨行法則衆議紛然而蝟起不行法則軍氣瓦解而不振謖清談士也寧可以得臣比乎荀林父赦而晉霸得臣誅而不害楚彊然則楚亦未可非也載考向朗傳隨亮漢中朗素與馬謖善謖逃亾朗知情不舉亮恨之免官還成都然則謖且逃矣不卽歸死司敗捕而後得之不

誅何待

讀書[illegible]　卷二

書陳思王植傳後

陳思王於文帝同母弟也文帝卽位之二年卽風監國謁者論劾其罪召而欲誅之以太后之救而幸免然亦瀕死者數矣葢以武帝之世有奪嫡之謀而未遂故也而王仲淹乃曰思王三以天下讓夫豈其情哉與楊脩善則脩爲之擬答與丁儀丁廙善則儀廙爲之請嗣雖有百口無以自解然丕方矯情自飾而植乃任性以行

乘車馳道中與伐吳醉不能受命此雖非臣子之節然觀過知仁亦可以見思王之無意奪嫡而貪功名者知三子輩成之也仲淹殆得其微矣雖然思王之失職成之者三子也而啓之者武帝也攷之漢建安十五年司徒趙温辟丕茂才而坐温選舉不以實免官十六年始拜五官中郎將而植巳封平原侯十九年徙封臨淄侯是時同母之兄任城尚未侯也二十一年而任

城始矦鄢陵則思王已加食邑至萬戶又時時對人稱說其才而欲立之豈所以安思王哉不特一思王也鄧哀王冲僅十三而亦欲立之及其亾也乃謂文帝曰此我之不幸而汝曹之幸也噫是何言也厥後任城以彊勇毒思王削而移徙藩國若傳舍幽憂疎隔亾異囚竄至使文帝後謂臣下家兄孝廉自其分也若使蒼舒在我亦無天下蒼舒者冲小名也嗚呼孰謂非武

帝啓之哉如意不死呂氏而死漢高攸不斥晉武而斥晉文定陶豫章幸而免耳然亦危矣按魏略又謂太祖疾甚驛召任城至洛而已殂任城乃謂臨淄矦曰先王召我者欲立汝也臨淄矦曰不可不見袁氏兄弟乎然則斯言也王仲淹之所以稱讓任城之所以毒而思王之所以終免也

讀徐幹中論

徐偉長於七子中不甚錚錚其所著玄猿漏卮扇橘諸賦見推於曹子桓者今多不之見而獨中論十一篇卽子桓所稱成一家言者東漢之季其文氣最爲緩弱不流暢然頗樸而近于理如幹中論是也視學巳自近裏法象猶足禔身然此二者非孟德之所急考僞一章所條爲名之弊凡數總而斥之曰盜夫斥之曰盜誠惡之

也然而孟德倡之也孟德倡之而偉長斥之子
桓以爲稱而不之覺嗚呼其眞不之覺邪將不
滿于孟德邪

書陸遜父子及機雲傳後

陸伯言一少年書生受脤而據諸將之上揮麈揚策破天下之所憚服以爲英雄如昭烈者若拉枯朽然後挫北兵奠南服國無匹鏃算不遺籌其孔明之流亞歟而物議稍不及者當由經理內政收採羣情有所未足耳孫仲謀能信之于未試之初而疑之于既成之後非伯言之有勤怠也仲謀有勤怠也幼節德不及父叔子而

才微勝之然能使孫晧緩亾者皆其力哉夫以權之智而不能容伯言以晧之昏而能容幼節者天也士衡縱橫六寸之管而假七尺之壯軀叨三世之將名不能逆自韜晦擁旄非分舉宗覆滅不亦哀哉道家之忌士衡固已知之而又犯之且伯言前後决勝頗以陰謀而幼節之平西陵坑僇無噍類又寧盡天也士龍前後爲守令皆著循吏聲然以區區小仁而欲爲顛厦之

不難矣

讀書後　卷　堅

書羊祜傳後

史之所以美羊叔子者至矣其先識不伐則見于曹爽之敗有功不居則見于國邑之辭曰與吳勁而敵不恨恩施于敵而上不疑餉歲積而民不告困歿有遺思而久不至忘夫豈直古之遺愛已哉至于宏覽淵識冲度和襟郭遐周顏子之目殆不虛矣雖然吾以爲叔子智者也得老氏之用而精之者也若於仁則吾斯之未敢

信何以知其然也夫曰慈曰儉曰不敢爲天下先曰抗兵相加哀者勝矣曰功成名遂身退天下之道夫此數者皆叔子之所饒有也得俘兒而不殺縛敵將而放歸此非慈乎輕裘緩帶鈴閣之下不過數人此非儉乎一聞開府踧踖不居而讓之三光祿此非不敢先乎追斬敵將憐其死節而厚殯殮之此非哀者勝乎大業垂就而預爲容棺之墟以待此非功成名遂身退者

乎雖叔子爲德于吳厚矣然未嘗一日而忘滅吳則又老氏之所謂將欲取之必故與之者也且夫曹爽樗而魏之族也其志猶有魏也司馬氏材而魏之賊也其志已無魏矣叔子魏臣也何以策爽之必敗而遠之策昭之必取而就之陳留王之立也何以不願爲侍臣而求外補吏也未幾而何以安爲相國從事中郎掌機密也賈充小人也何以出關中而密疏留之蓋策賈

克之必不成出也凡此皆所謂智也夫仁人者明其道不計其功而吾何敢信焉雖然自魏晉之際未有如叔子之賢者也以司馬氏腹心叔子最賢而尚無後張華次賢則僇而無後然二子尚猶成其名也裴秀次賢則子頠僇而無後王沈不忠則子浚亦以不忠僇而又無後賈充不忠無後而族盡滅何曾稍疎則至孫而滅亦無後嗚呼司馬之德若是而能久有晉哉

書阮籍傳後

吾嘗讀晉書阮籍傳謂其喜怒不形于色發言玄遠口不臧否人物而又云能爲青白眼見禮俗之士以白眼對之由是見疾如讎以爲立言者之自相牴牾而不知其皆實録也謂籍以酒全其天非也籍乃以巧全其天者也籍故逆知司馬氏之必篡魏而不欲爲之臣與荀勗賈充輩同列而自顧其瓌傑之貌宏麗之文磊落不

羈之才欲掩之而不可得司馬氏必知之而且欲用之夫司馬氏欲用之而不爲之用必死爲之用而不預其謀亦必死死則又不足以成名故托而逃之醉一醉而連緜至六十日彼豈其情也哉凡其臥酒家乞步兵廚甚至于母死而舉二斗酒食一蒸豘自遠于名教之外使何曾輩疾而惡諸司馬氏皆以爲不死地也曾言而不用故無他其言用不過廢徙而已不死也然

猶慮司馬氏之識之故其乞相東平草勸受九錫章示若爲之用者特不勝好酒之一念耳使司馬氏狎而愛之愛而舍之以終保牖者巧也昔人謂澄公以石虎爲海鷗鳥若籍者殆以司馬氏爲海鷗鳥也嵇康略知之矣而未能究故雖稱土木形骸不事修飾而時露其鋒距于土木之表此何時也而其與山濤書菲薄湯武之放伐鍾會何人也造康而箕踞待之不爲禮且

問以何所聞而來何所見而去夫會之來叩籍以時事也亦其見康意也籍醉而不能答會亦當恨之特其所以恨籍者淺而恨康者深也知二子者莫孫登若登故報籍以長嘯而報康以苦辭康下獄而後悔晚矣又不知乃以勸進九錫章短籍按進章不見籍傳而見文紀末謂大魏之德光于唐虞明公盛勳超于桓文然後游滄海而謝支伯登箕山而揖許由然則風之終

讓也非勸進也不然以炎之爲婿豈不足爲呂
公王莽者而至飲一醉六十日而不之許也

讀書後　卷二　四

書周顗傳後

周伯仁吾所不解過江以後若使追喪亂之艱難此身之非有或散髮巖阿或栖遲冗列用拙挫名以酒蔽身可也既居九列參密議而縱飲沉湎狂僻廢禮且夫密疏申救始與而不言德固若長者夫以元老故交哀呼求救了不之盻而顧左右云今年殺諸賊奴取金印如斗大繫肘寧能不使之飲恨橫發邪伯仁若思即始與

救之久不必殺但小緩耳伯仁死始興不能無

罪檢表而泣以情語諸子猶庶幾哉

書周處傳後

周子隱感奮時譏折節砥礪文武果亮爲時所儀抗忤權戚委命疆圉若無可憾者吾猶謂其爲晉而死六陌不若爲吳而死無難督也亾國之戚雖足以杜王渾口而吳魏均滅要之百步五十步耳宣佩之勛猶不在子隱下而晚節不固獨彥和首亂而存宣季從亂而旌晉於是乎失刑賞哉議者謂子隱之子孫多愧其先烈吾

獨以爲之兆也若筵者皎然爲君子且有光矣

弇州山人讀書後

琅琊王世貞元美撰　姪士騄校正

華亭陳繼儒仲醇定　長洲許恭訂

書謝玄安傳後

謝安石格量弘濟故是始興以上人然大畧能因事爲功矯情鎮物耳淝水之勝雖曰有天幸而玄之善用兵亦自有以制之苻氏滅國十餘擁百萬之衆平襄而後氣㬚江左獨玄以北府

偏師躑躅當鋒覆師斬將者至再三其膽力當何如哉苻氏之亂玄乘勝北討而乃使劉牢之應丕而戰慕容垂人皆咎爲失策吾以爲未爲失也枋頭之役慕容垂之威畧能使晉人䰟奪丕勝垂丕可掩而取也垂勝丕則不可復制矣蓋不得已與丕合牢之雖勇非垂敵也是故一敗而不復振玄病因之豈非天哉

書晉史隱逸傳後

晉史之傳隱逸者三十五人而合者不十之七范承明魏氏之忠義也辛叔重冉氏之龔勝也龔子偉孝行士也而有俠烈風夏仲御行惟者也而近戲宋令文郭元瑜竊邦之陪臣也戴安道末世之通士也夫隱逸者夷穆而近道遯晦而挫名孫公和董威輦郭文舉索偉祖陶處靜其至矣哉譙元彦朱臣容楊軻次之軻之不幸

而不得死非自致也劉子驥之仁也而不能忘跡也陶元亮之達也而不能忘言也夫所以不能忘者名之根也又次之矣雖然元亮之所爲次於隱第附于節爲近

書范承明傳後

余觀自古忠臣介士之于故國未有如范粲承明者其持志烈于微箕保身巧于夷勝夫口舌步武之際人所最難檢攝持而至于三十六年之久卒以天年終此豈慷慨殺身可同年而語哉且其不辱在廢立之時而不在于移鼎之際沈幾先哲雖聖賢何以加焉伯孫以弘博之資率其二弟棄學業屛人事而奉承明没齒不官

可謂生能養志没能繼志者也養志繼志孝之純也奕世不屈忠之純也伯孫有焉武帝優容之而不忮不奪其猶有君人之度哉傳稱太宰從事中郎誤當時未避師而稱太宰亦無官太宰與太師人也

書慕容盛載記後

吾嘗讀慕容盛載記其與羣臣言管蔡忠存王室而公代主非人臣之道故言公將不利于孺子周公當明大順之節陳誠意以曉羣疑而乃阻兵都邑擅行誅僇不臣之罪彰于海內至伊尹則又謂其不能竭忠輔導而放黜桐宫事同夷羿何周公之可擬夫盛一小猾虜也乘險而據一方屢遭篡弑之後故其與羣臣議推抑伊

周以張威而折其心之不軌不足據也獨蘇子由之持論以世之言爲周公之事無以異于伊尹然天下之人舉皆疑而不信夫天下之大成王之不明而周公攝則是周公未有以服天下之心而强攝焉以爲之主也夫人臣而用天子之事此天子之所忌也以一人之身上爲天子之所忌而下爲左右之所疑大臣從而媒孽其短此古之忠臣所以盡心而不免於禍而世之

姦雄之士所以動其無君之心而不顧者也然使成王用事于天下而周公制其予奪之柄則愚恐成王有所不足乎其心而管蔡之徒乘其間隙而間之以至于亂也使成王有天子之虚名而不得制天下之政則愚恐周公有所不忍于其中赧然有不自安之心也是以寧取而攝之使成王無異乎其間以破天下讒慝之謀是以其後雖有管蔡之亂而天下不揺蘇氏辨矣

然亦非能善論周公者也夫武王沒而成王尚幼周公用叔父之尊親而當武王之重托以御初服之天下使退而躋于畢召之列則五服之外人得以幼主而易成王故負扆以朝諸侯使天下曉然知成王之爲君而周公之爲攝又不欲以萬機之衆而撓成王蒙養之哲使之從容以成其德而練於政知其必克負荷也然後稽首而歸之若信蘇氏之論則七年之內將以攝

爲眞而天子之名不歸之成王而歸之周公此新莽之所妄引以成其篡者也而謂周公爲之乎且蘇氏之所疑于不能服者即霍光之于昭帝諸葛亮之于後主也天下尚不疑于霍光諸葛亮而獨疑于周公萬萬無是理也周公之過陳賈則一二測之夫洛邑之頑未嘗一日忘怨周而爲殷武王之黃鉞固已斷紂之頭而懸之太白矣乃使其憤怨狠戾之子爲之長而又使

其失職之兄不肖之弟而監之不亂何待且夫紂之自絕于商久矣武庚親其子也頑民挾而欲甘心倒戈者畏而有二志皆非所以寧之也微子者紂父之元子也而賢滅商之後即立微子可也或曰封武庚者武王也非周公

書謝靈運集後

余始讀謝靈運詩初甚不能入旣入而漸愛之以至于不能釋手其體雖或近俳而其意有似合掌者然至穠麗之極而反若平淡琢磨之極而更似天然則非餘子所可及也鮑照對顔延之之詩隲而謂謝如初發芙蓉自然可愛君若鋪錦列繡亦復雕繢滿眼也自有定論而王仲淹乃謂靈運小人哉其文傲君子則謙顔延之

有君子之心焉其文約以則此何說也靈運之傲不可知若延之之病正坐於不能約以則也余謂仲淹非能知詩者殆以成敗論耳

書何胤傳後

甚矣士之好名也天監之初何胤與謝朏並召不出則已何至示必出之勢以動謝朏而身獨隱以擅一代之高毋乃傷于巧哉世固有巧而競于進者未有巧而競于退者雖清濁異形其累自然一也雖然謂謝朏爲胤所賣則非也丈夫自有志安可以出處聞人胤蓋已逆知之矣故曰興王之世安可久處兹言也固朏之所樂

聞也齊氏禪代朏僅不能爲褚彦回王仲寶耳孔子有言血氣既衰戒之在得朏所至以聚歛聞何暇論晚節哉

書爾朱榮傳後

昔爾朱榮死而魏收爲之志受其子文略金而比之韓彭後人笑而嗤之吾以爲韓信神于兵者也固非榮之所敢輕擬至以方彭越則榮方且憤然而不受夫以榮挾虜姓而肆爲暴戕宗室屠王公掠妃主戲天子于股掌之上而不之顧擢髮不足以數其罪然至于雄武抗悍有經世畧則自項羽而後未見其比者也榮秀容一

酋長耳地方不過三百里兵不滿萬騎然後收募天下之豪傑悉出其麾下其志遂欲掃羣雄而制六合之命天下亦悚然而畏服之且其始之入洛不過五六千人耳而六師之乘萬雉之都拉然而土崩其破葛榮亦不過七千人耳而百萬之衆一朝而潰敗雖成如元顥才若陳慶之而取之如拉朽然至于處分大盜之逞遥策關西之勝隱然阿瞞寄奴之風何言彭越也羽

之喑啞跳盪非榮所可及然羽有近算而無遠略寬于近而薄于遠故嘔嘔之愛能使二十七騎于烏江而不忍去而不能使田榮陳餘英布之無叛所當之敵戰必勝攻必取而不能保曹咎龍且之無敗而所遇又高祖是以禍不在內而在外榮有遠略而無近算寬于遠而暴于近故葛榮之衆不抗僇而左右之無辜而死者比比能使天光之以少制万俟醜奴侯淵之以少

制劉靈助而不能察元彧輩之謀而所遇又莊帝是以其禍不在外而在內嗟乎古之有天下者要必有人君之德而其佐命以功臣終者要必有人臣之體人臣之體在才巨而心小其識不凡而凡不遠而遠乃可保也無君德而其材非人臣者偏雄則項羽袁紹李密委質則韓信及榮也其法不足以有天下適足死耳他固有幸而成者不足道也

讀文中子

立言之士自吾夫子諸高弟顏閔參賜外要無若孟子自孟子而後則無若文中子矣夫析理性辨邪譌精微入玄洗快破的故瞠乎不敢望鄒人之籓若衡事隲古簡要精當河汾之間裕如也柰何以模擬少之第昔人謂文中子之高弟子房杜李魏諸賢皆顯貴爲貞觀將相而未有一言及其師以爲疑若余不佞之所疑固不

止是蓋夫子大聖人七十子之徒其齒莫重於
顏季二路然未有長於夫子者至玄房杜李魏
諸賢皆北面而事文中子而皆長於文中子文
中子以開皇四年生以大業十二年卒壽僅二
十三今李衛公以貞觀廿三年卒年七十九魏
鄭公以十七年卒年七十三當並長文中子十
六歲也房梁公以貞觀廿二年卒年七十一當
長文中子九歲也杜密公以二年卒年四十六

當長文中子四歲也宅若淹若威若州逵卽不可攷要之其齒皆不早于房杜者文中子固十五而抗顏爲人師然豈必處處作項橐哉將文中子之徵言固不止是而好事後進有勦入而亂其眞者耶若以爲阮逸僞作則斷乎非逸所能辨聊志于此以示傳疑

書李勣傳後

高宗之欲廢王后而立武也褚遂良諫長孫無忌不諫然猶能持之李勣不諫又從而叟之武立而後易社移鼎誅鋤李氏之裔殆盡而天下之惡悉歸之勣吾謂未可以是深罪勣也夫勣也智有餘者也以爲人主以愛欲易椒房吾必不能制制之而不得則禍隨之吾勛臣也禍不至死不已彼見夫太尉之懿親且有翼戴功以

甲辭寵荒裔而卒賜之死方自以爲得策而詎謂武氏之遂滔天也假令武氏前高宗死卽後死而不臨朝不廢立不易社稷鼎勣不過一具臣而已家事語亦不必傳也且夫勣故盜賊雄也爲父而事竇建德則失之君爲身而復事唐則失之父特以其能善爲兵事曉便宜而已柰何以大臣之節望之夫呂后之王諸呂其安危大幾甚于易后王陵曰不可平勃曰可幸而爲

平勃不幸而爲李勣不然何以異哉然是時呂后高宗之意定矣諫必不行不行則禍隨之爲大臣者取幾焉可也

書五王傳後

張柬之等五王合謀誅二張遷武氏反中宗之辟而復唐之宗社何其壯也未久而妖韋蠱于內諸武蠱于外而五王者厭厭不振以至于屠滅千載之後疇不痛之而又惜之且恨之胡寅仲以爲五王於是時當乘兵勢執武氏而聲其篡奪之罪以僇之可也張敬夫曰固也中宗子耳子可以弑母乎爲五王者廢中宗立宗室之

賢者伸討賊之大義而僇武可也朱子曰固耳宗室盡于武氏手矣其存者皆愚暗不可恃也愚謂五王之所以能用其衆者以中宗耳復中宗以思太宗耳宗室之僅有存者非直愚暗也又皆非太宗後即欲復唐之宗社而不稱中宗誰則應之廢中宗而立疎遠者誰則信之當是時乘兵勢而悉捕之武之族無少長皆僇之如呂氏例可也如是而武氏在上陽聞之當亦自

不良死卽良死可以無後患也若夫中宗之暴昏而妖韋與其女之淫忮則天也五王固無如之何也已

讀書後卷三

書李光弼傳後

史思明亦悍胡也其材力遠出祿山上李臨淮之角之凡兩大勝一大敗其勝者皆用寡而敗者乃用衆用寡之勝皆乘險謀豫以忍而屈之野戰則敗郭汾陽之始能用衆而不能用寡卽用衆亦未必決勝也晩節之捍吐蕃回紇始乘險謀豫以忍而屈之故不敗而卒爲宗社之元臣惜哉臨淮之有功名而不善居之也凡臨淮

之才畧心事與陶士行畧相當其治軍臨淮爲最治民士行爲最臨淮不幸而與河北之籓鎮近士行幸而與温太眞合而見推挽不至作愧憤死噫嘻亦數哉

書李晟馬燧傳後

李西平渭橋之役以一旅弱師介于二鴟虜之
間卒能勉强激勵以成補天浴日之烈此非特
其忠志强忍殊也蓋亦有精思焉夫西平之一
决隃于郭汾陽多矣然其量稍隘意稍滿故輕
發於後貴之延賞而卒爲其所制延賞雖忮非
魚朝恩元載比也以爲西平之處延賞不若汾
陽之處朝恩元載也馬北平材力亦陶士行李

臨淮流亞也知有身不知有社稷是故與西平
胥壤焉德宗之世有西平陸敬輿故不亡急而
用之緩而棄之故不振嗚呼哉

書李鄴侯傳後

自三代而後人臣出處之蹟未有如李鄴侯泌之奇者也或伸而屈或屈而伸或先幾或忍詬其保身亦未有如鄴侯之巧者也七歲而以童子薦入禁中與宰相張九齡諸公善奇矣尋謝去游嵩華終南間求神仙不死之術又奇也久之復以獻議入翰林從太子諸王游太子善之又奇也爲詩以譏楊國忠安祿山斥置蘄春又

奇也太子即位靈武爲肅宗使人召致泌泌忽間關來謁又奇也立談而參帷幄體輔若一拜右相辭俄又賜金紫爲侍謀軍國元帥行軍長史亦將相任耳又奇也復兩京迎上皇除道清宮泌皆任之甫功成而辭榮乞歸以避李輔國又奇也當是時廣平王以太子領元帥泌寮也師友也即位爲代宗召泌舍之蓬萊閣强以婚娶食肉又奇也然其重已不及肅宗矣元載忌

之出爲江西觀察判官判官一下佐也泌不辭而往又奇也載誅而復召常袞忌之出團練澧朗刺杭州又不辭而以吏治顯又奇也嗣帝爲德宗避泚奉天復召泌而用之則直臣之而已又出而觀察陜虢鑿饟漕之道翦淮西之逆又奇也自是始登相位天子恭巳委之不復設他相以至終其身又奇也至德之初郭汾陽李臨淮貞元之際李西平馬北平其建勛克復若異

代然而皆保全于泌之手又奇也夫以輔國忌之載忌之而不能傷衮忌之而不能終抑則泌之巧所得于老氏者深矣其所進深謀秘計以聽者之中庸不能盡售然至于處父子兄弟之間功亦不淺矣

書鄴侯家傳後

鄴侯家傳者故唐丞相李泌孫蘩所撰也蘩才而躁嘗歷仕至方伯討賊有功而以贓論死當下獄且論報自度不得免恐死而先人之蹟且泯泯故成此傳其所紀獲遇肅宗且相而遠引避再遇代宗且相而復引避獨最後遇德宗不能免相以終而中間預收復二京策平淮西叛卒其事甚奇至于保護諸皇前後者二則留文

成之所不如矣司馬文正纂通鑑悉收載之而宋景文之于唐史畧焉豈宋以史筆貴覈而司馬志在資治姑取益時政耶泌既好誕繁復有加焉可以類推矣史又謂泌以好譚神仙爲世所譏雖然不可謂無得也晚而拜相卒死繁劇將無自夭其天年也耶泌辟穀文成亦辟穀乃卒不終辟者何也富貴之可愛甚于死之可畏也

書常袞傳後

常袞唐之賢宰相也獨其與崔祐甫忤而奏斥之遠州爲過耳其所與忤之繇不過也夫寬詔天下吏人三日釋服祐甫乃固執以爲辭欲令公卿大夫亦三日釋服者何也袞云禮臣爲君斬衰三年漢文權制猶三十六日唐高以來皆遵之至玄肅之喪始服二十七日古者卿大夫從君而服皇帝二十七日除在朝羣臣亦當如

之衮之言何其秉禮經正哉充祐甫者不獨倦爲臣且導德宗倦爲子者也自元載王縉之執政官以賄成衮思革其弊杜絶僥倖四方奏請一切不予而不無壅真所謂人臣能任怨者祐甫以逐客執大柄欲收一時之物情而矯之至二百日而除官八百人豈能無容徇也宰相之禄厚矣而又有堂封以供餐費堂封矣而又曰給内廚御饌可食十人此固元載王縉之所貪

飫而衰之所不一日安者辭曰給當矣辭堂封亦未爲過也當魚朝恩之領太學也衰時在散僚獨以爲不可上用生日納諸道節度使金帛珍寶器馬直二十四萬緡衰又以爲不可曰彼諸道者豈能男耕女織不過横取之民歛怨求媚耳此二者舉朝之所若喑而不敢言者也而衰明言之自衰之相也與綰同一麻皆不爲載縉黨明也既貶之後不以故相自尊佚所涖皆

有聲績其觀察七閩教民陶瓦以易苫蓋無火
災誨子弟習經術通秇文易世之後彬彬比于
上國其功豈在李冰文翁下哉寡陋豎生槩以
苛碎目之過矣

書李白王維杜甫詩後

吾嘗謂太白之絕句與杜少陵之七言古詩歌當爲古今第一少陵之五七言律與太白之七言詩歌五言律次之當時微覺於摩詰鹵莽徐更取讀之眞足三分鼎足他皆莫及也天子蒙塵於蜀少陵叙致有慷慨惻怛無窮之戚而太白乃作上皇西巡歌得非有胸無心者地轉錦江成渭水天迴玉壘作長安雖或壯麗千古何

異宋人東狩錢塘封事永王西巡歌彼誠以永王爲中興之賢王也辭官不受賞其語誰信摩詰弱故不能致死安民然其意非肯爲之用也生平悟禪理舍家宅無妻子而不之卹顧不能辭禁近以歿豈晚途牢落不能自遣白香山之所謂老蔣榮補貼者耶

書韓文後

韓公於碑志之類最爲雄奇有氣力亦甚古而間有未脫蹊逕者在欲求勝古而不能勝之舍而就巳而未盡舍耳奏疏爽切動人然論事不及晁賈談理不及衡向與人書最佳多得子長遺意而急于有所干請于人則詞漫而氣亦屈記序或濃或淡在意合與不合之際終亦不落節也苐所謂原者僅一原道而所謂辨者僅一

諱辨而已不作可也蓋公于六經之學甚淺而于佛氏之書更鹵莽以故有所著釋不能皆迎刃也而他彈射亦不能多中的謂之文士則西京而下故當以牛耳歸之

書柳文後

柳子才秀于韓而氣不及金石之文亦峭麗與韓相爭長而大篇則瞠乎後矣封建論之勝原道非文勝也論事易長論理易短故耳其他駁辨之類尤更破的永州諸記峭拔緊潔其小語之冠乎獨所行諸書牘叙述艱苦酸鼻之辭似不勝楚搖尾之狀似不勝屈至於他篇非掊擊則夸毗雖復斐然終乖大雅似此氣質羅池之

死終墮神趣有以也吾嘗謂柳之蚤歲多棄其日於六季之學而晚得幽僻遠地足以深造韓合下便超六季而上之而晚爲富貴功名所分且多酬應蓋於益損各中半耳

書王叔文傳後

王叔文以永貞元年之二年順宗卽位自東宮而拜起居舍人翰林學士王伾爲左散騎常侍依前翰林待詔三月伾亦爲翰林學士叔文爲度支鹽鐵轉運副使五月加戸部侍郎使如故三五日一入翰林去學士名七月叔文母喪去位伾得風疾八月上傳位皇太子之明日叔文貶渝州司戸伾貶開州司馬又二日上卽位九

月出其黨韓泰韓曄柳宗元劉禹錫呂温等爲外州刺史伾死貶所明年賜叔文死泰等復貶遠州司馬嗟乎叔文以不良死而史極意苛謫以當權姦之首至與李訓輩齊稱抑何寃也伾貧不足道也叔文以一言而合順宗然亦未爲非深遠慮而至順宗即位之所注措如罷宮市斥貢獻召用陸贄陽城貶李實相杜佑賈躭諸道頃皆能革德宗大敝之政收已渙之人心而

其所最要而最正者用范希朝爲神策行營節度使而韓泰爲司馬奪宦官之兵而授之文武大吏卒爲宦官所持不能全身亟貶而至矺死蓋其事之最要且正而禍之烈實由之即劉闢爲韋皋求三川而許以死相助金錢溢于進奏之邸叔文小有欲寧不爲所餌顧叱而欲斬之抑何壯也皋時已逆知叔文之失宦官心故敢抗疏直言其失而亡所顧且神策諸將尚爲啓

以辭宦官使之知而激其怒何況裴均嚴綬輩也均綬素附中人者也其所用韋執誼韓泰等固不能盡當執誼鄙亡論然亦以文學爲德宗之寵臣而泰等則天下之所謂名儁有才識者也觀柳宗元寄所知書謂非罪人交十年則必不趣執而後合又云早歲而親　始奇其能謂可以立仁義興教化則又不必爲富貴而求顯獨史所云互相推奬曰伊與周曰管曰葛倜然

自得謂天下無人又云叔文及其黨十餘家晝夜車如市候見叔文伾者至宿其坊中餅肆酒鑪一人得千錢乃容之此事則醜而不可掩而宗元又云素卑賤暴起領事人所不信射利求進塡門排戶百不一得一旦快意更造怨讟此最爲實錄而苟非賢人君子則亦勢之所必至也嗟乎叔文誠非賢人君子然其禍自宦官始不五月而身被天下之惡名以死死又至與李

訓輩伍寧不寃也夫訓非叔文比也即使幸而勝之叔文失一仇士良而得一仇士良何益也

書五代史後

歐陽公作五代史而欲自附於春秋之筆削創立義例而其文辭頗爲世所喜楊士奇稱之以爲與司馬遷史記班固漢書並而義例勝之予亟攷其所謂義例者亦不爲甚當如朱梁石晋郭周皆起於叛臣前後李唐皆起於夷狄劉漢起於負國之大鎮不過因其繼唐室之統據中原之地其大者尚不能半天下小者三分之一

而延世不能過三紀年或僅四五亦何必盡倣古帝王之例而全孑之李昪王建劉巖之類乘時鼎峙去全忠輩等耳又何必盡用僭竊之例而全削之死節死事之人相去不甚遠而分爲二劉旻之時漢何不以附於知遠後而別爲國至於文辭尤索寞腴不如范曄雅不如陳壽比之兩晉六朝差有法耳尚不能如其平生之所撰碑志而何以齒史漢哉一安重誨傳少欲間

以議論而痕跡宛然詞旨沓拖去伯夷屈平霄壤矣士奇之論私其鄉前輩耳而耳觀者羣和之良可笑也

讀書後　卷三　三

書馮道傳後

嗚呼五代之亂極矣爲之臣子者抑何其不幸也諸方之僭竊無論已爲唐而遇朱温一死也爲温而遇友珪一死也爲友貞而遇存勗一死也爲存勗而遇嗣源一死也爲嗣源之子而遇從珂一死也爲從珂而遇契丹一死也遇敬塘一死也爲敬塘之子而又遇契丹一死也爲知遠之子而遇郭威一死也爲郭威之子而遇匡

衖一死也遠不及十年而死近不及三載而死內不免以帷幄死外不免以節鎮死徼而兵死野而盜死不知何以處死也馮道一椎魯士耳歷相十餘君而不死此何故哉遇治則入遇亂則出入則必相出則巨藩位三公爵眞王而卒以令終彼非能賄免也非阿腴取容也又非有布衣之故也彼蓋得莊老之術而善用之夫不忮不畏不名不術推分任眞此六者莊老之所

貴也而夫子之所謂似而惡其爲鄉愿者也雖
然寧獨一道哉如竇眞固李濤李昉李琪之流
皆類之獨道以著得貶耳然則爲道而死者必
擇以死之日而後可

讀書後 卷三 三

書趙普傳後

趙韓王不讀書而片語鑿鑿破的如勸太祖收諸將兵權云陛下何以負周世宗勸太宗破金櫃之約曰太祖已誤陛下豈容再誤是何必多多許亦毋論本意若何令人那得不轉圜竊尋自古得天下之易未有如宋太祖者陳橋之變焉得諉非本謀蓋太宗與普謀之於外而太祖陽示無心於内此事獨普三人知之廷美當尚

弱弗與也太祖之傳太宗約再傳而始及德昭亦非本心也知德昭幼而太宗之不利孺子也太宗可以倍廷美而不可倍德昭當眞宗之正東宮德昭雖物故尚有子而一時在廷諸臣未有一言及之者寇準窺微指之所在而請决焉此何足美而一時與後世之人亦未有訾之者何獨於應禪之景皇帝責之於肅愍而過爲刻也故余每讀宋史至太宗令人思吳乞買至趙

普令人思粘没喝嗚呼虜亦有人心

書歐陽文後

歐陽之文雅渾不及韓奇峻不及柳而雅靚亦自勝之記序之辭紆徐曲折碑志之辭整暇流動而間于過折處或少力結束處或無歸者然如此十不一二也獨不能工銘詩易于造語率于押韻要不如韓之變化奇崛他文亦有迂遠而不切太淡而無味者然要之宋文竟當與蘇氏踞洛屋兩頭曾王而下置之兩廡

讀朋黨論

朋黨之說蓋自古有之曰君子與君子以同道爲朋小人與小人以同利爲朋此勢也亦理也歐陽氏獨曰小人無朋以爲朋者僞也及見利而爭先或利盡而交疎則反相賊害雖其兄弟親戚不能相保故曰小人無朋君子則不然所守者道義所惜者名節以之修身則同道以相益以之事國則同心而共濟終始如一此君子

之朋也蘇氏復爲之續曰君子以道事君人主必敬之而疎小人惟予言而莫予違人主必狎之而親疎者易間而親者難睽也而君子不得志則奉身而退樂道不仕小人者不得志則徼倖復用唯怨之報此其所以必勝也歐陽氏之說則慮君子之黨見疑於人主而求所以釋之蘇氏之說則慮小人之黨見信于人主而求所以勝之斯二說者皆得之而未能盡者也凡爲

君子而純者必不爲朋黨者也曰夙夜匪懈以事一人而已曰中心無僞以守至正而已凡爲小人而純者亦必不爲朋黨者也曰見利則趨利盡則散而已其爲朋黨者有之不純乎君子與不純乎小人者也不純乎君子者有君子之節而不能盡去其累所謂累者三曰近名曰好勝曰快心士固有批鱗蹈刃出萬死而成其是者一念之名根未除則士之務爲可喜可愕者

入之而爲黨若東漢之三君八俊八厨八顧之類是也宋光寧之際賢者亦近之曰好勝其人雖跡爲君子而一議論之不合則各持此之是以求伸爲徒者傅益之則摘彼之非以求其屈若宋洛蜀朔之類是也而唐穆文之際不盡賢者亦似之曰快心則忿小人之爲奸與其黨類之貪横甚至冐酷吏之法而翦除之伏機反中其禍繇身而及國若黨錮諸賢於宦者异也不

純乎小人者三曰無君子之實而慕其事其心乃欲得小人之利而已如唐之八司馬者其與伾文比而驟貴則非其欲奪中人之權而革貞元之政則是此不純小人者也以小人之爭起亦以小人之利合而時時見君子行若德裕之政術僧孺之郤賂栖楚之直言此亦不純小人者也二者皆易察識者也若乃陽竊君子之似而陰用小人之術以其可喜可愕者中君子之

好而愚之其君子幸而覺則彼得持君子之疎而投之禍不幸而不之覺則君子亦浸淫與之俱化蕩而無所歸陽則以其似而收天下之譽陰則以其實而市天下之權緩之則肆然而來以與君子同其進急之則忽然而匿不與君子同其退又急之則茸心爲婦寺之吮舐盡棄其故而了不之恥此于古或有之我未之見也凡朋黨者先王之所不能廢也而恒示之戒其于

朋也爲書之像形也若風之襲羽而弗克正也故書醜淫朋易美朋亡又曰君子羣而不黨而歐陽氏蘇氏若以爲善而汲汲乎求白于人主者何也凡君子必無朋黨君子而不純者有之然多不勝小人必無朋黨小人而不純者有之然多勝勝則足以憂君子而傾人之國然至于能奪天下之公議壞天下之人心者則未有過于陽竊君子之似而陰用小人之術者也

卷三

畢

書王介甫文後

介甫于文章頗能持論近道理而好以巳勝至于語務簡而意務多欲以百餘言而中爲層疊宛曲其所長在是而其所病亦在是也誌傳之類亦刻削有矩度而好爲小巧於字句間立法此所短也吾嘗謂介甫于字說其初不無一二會心者遂欲字字而爲之說此其所以貽笑猶之治鄞非不足以阜財而得民遂欲行之天下

蚩其所以流毒使介甫而實其行虛其心崇其智卑其禮則君實固瞠乎後矣

書曾子固文後

子固有識有學尤近道理其辭亦多宏潤遒美而不免爲道理所束間有闇塞而不暢者牽纏而不了者要之爲朱氏之濫觴也朱氏以其近道理而許之近代王愼中輩其材力本勝子固乃掇拾其所短而舍其長其闇塞牽纏迨又甚者此何意也毋論子固即明允子由介甫俱不足與四家列而稱大若名家者庶幾矣

弇州山人讀書後卷三

弇州山人讀書後

瑯琊王世貞元美撰　姪士騄技正

華亭陳繼儒仲醇定　長洲許恭訂

書三蘇文後

明允子瞻俱善持論而明允尤雄勁有氣力獨其好勝而多騁不甚曉事體考故實而輕爲可愕可喜之談蓋自戰國中得之子瞻殊爽朗其論策沾溉後人甚多記敘之類順流而易竟不

若歐陽之舒婉然中多警儁語騷賦非古而超然玄箸所以收名甚易吾嘗謂子瞻非淺于經術者其少之所以不典則明允之餘習晚之所以不純則葱嶺之緒言然而得是二益亦不小也子由稍近理故文彩不能如父兄晚益近理故益不如然而不失爲佳子弟也四家之文無論已其學則子瞻最博子厚次之退之又次之永叔狹矣

書老蘇文後

明允晚而始嚮學且僻處西裔無師友之淵源與琢劘之助以故于六經雜肋耳而其學僅戰國策史記班范諸書雖佛老莊列之言亦未之考索也夫以明允之雜肋六經則當寘而弗論可也而何至以其私臆而窺聖人之心又以勢之所不得已者而爲聖人之作用使六經之道下而與百家諸子等且有詆讕往古多深文而

不中情事其建白置措必權術而亾益治亂且夫辦姦一論其驗介甫固若蓍蔡然亦介甫自有以驗之彼夫口孔老之言而身夷齊之行卽使造作語言私立名字衣臣盧食犬彘囚首垢面而談詩書何以知其必用用之何以知其必爲天下患也或以明允在永叔席嘗與介甫押而字韵詩而屈或曰韓富與永叔揚明允不容口而介甫獨不及故恨之或曰明允未嘗作此

文也子瞻後見介甫之亂政而擬之以歸明于明允也吾謂皆不足論郎果明允作而介甫之報之摘其生平所著書而比之章惇王韶胡不可或又曰惇韶介甫之所喜宜其不以惡明允也雖然明允天下才也使其心術正而少得賢師友以經學琢劘之其雄勁不亦奪永叔而掩子瞻也哉

書蘇詩後

蘇長公之詩在當時天下爭趣之若諸矦王之求封于西楚一轉首而不能無異議至其後則若垓下之戰正統離而不再屬今雖有好之者亦不敢公言于人其厄亦甚矣余晩而頗不以爲然彼見夫盛唐之詩格極高調極美而不能多有不足以酬物而盡變故獨于少陵氏而有合焉所以弗獲如少陵者才有餘而不能制其

橫氣有餘而不能汰其濁角韻則險而不求妥鬬事則逞而不避粗所謂武庫中器利鈍森然誠有以切中其弊者然當其所合作亦自有斐然而不可掩無論蘇公卽黃魯直傾奇峭峻亦多得之少陵特單薄無深味蹊逕宛然故離而益相遠耳魯直不足觀也莊生曰神奇化而臭腐蘇公時自犯之臭腐復爲神奇則在善觀蘇詩者

讀皇極經世觀物内篇

邵子之皇極經世書吾所不敢輕言而中有扞格而不敢輕信者如觀物篇天生于動地生于靜天動地靜誰不知之第一氣之分自然輕清上浮重濁下墮則自靜以動靜見天地則可謂動靜生天地則不可也因天有日月星辰則以少陽爲星少陰爲辰矣地有水火土石則以少陽爲石少陰爲土何所見邪然猶可也而以星

爲晝辰爲夜者何也寒暑久耳晝夜速耳何以辨其陰陽太少也雨露風雷陰陽之所化也何以屬之地而謂土爲露石爲雷也雷之發聲往往在水土中不聞在石也露至輕清最高在雲之上不聞在土也皇帝王伯以配春夏秋冬之升降可耳至以配生長收藏抑何贅也謂三王收而五伯藏不知其所證引也夫子有曰聖人立象以盡意至設卦之後始繫辭以盡其言今

以言配五帝以象配三王者何也且夫五伯之時以語冬則可五伯之術以語冬則不可冬之藏爲春地也五伯之藏亦爲三王地乎不得已而又以體用心跡交互焉抑何其割裂穿鑿也使此書在宋前其見排斥而揮之籓籬之外久矣

書韓世忠傳後

韓蘄王一健鬭將也而忠志材氣有古大臣風晩節優游物外以智藏身則庶幾留文成而尉遲鄂公所不論巳吾嘗謂宋高宗卽昏愚何以信姦檜至此卽議和之不浹歲而兀朮巳敗盟矣然無纖芥之恨及檜者其畏諸將甚于畏金虜也蘄王得其幾矣故亦能借而苟自全凡岳武穆之死所以成蘄王之生也蘄王生於是乎

爲宋臣者皆有生樂而鮮死憤矣

書趙鼎傳後

吾嘗取宋南渡以後之才而合晉南渡以後之才比之大約謂宋略不如晉止是緣餙儒術可觀耳緣餙儒術其可觀者在此其没世不振亦在此又謂趙元鎮可比吾家始興然不如始興巧而善收採物情其和平練事足相當弱亦稱是後讀朱子語錄與吾評合李伯紀之忠志庶幾温太真然愎而過自信又不能堅忍寧如太

眞之權奇俶儻也張德遠僅賢于庾元規元規亦非不忠于晉者但忮恐好殺且好勝耳其鋭而喜事所至無成亦略如之岳鵬舉喑嗚跳盪臨機决勝故在祖士雅上綏來塡撫之略恐不如也韓良臣則又其下矣陳康伯不敢望謝安石虞允文采石之戰故自偉然亦乘亮之未渡而幸勝之又何可望康樂也陶士行未壞之桓元子元子已壞之士行然其材亦非宋所比晉

之孽乃王處仲宋之孽乃秦檜韓侂胄史彌遠
賈似道是以無解璽而有銜璧嗚呼豈不幸哉

讀通書正蒙

秦漢以後卓然欲紹孟子而追跡六經之後者揚雄氏而已耳王通氏而已耳周張二先生而已耳太玄紹易者也法言中說紹論語者也通書正蒙紹繫辭中庸者也其所入有深淺所造有純駁要之皆不能無意者也吾于措語之際竊窺焉二程者志在脩明夫子之道而羽翼之者也不欲爲家是以其見不盡合旣不盡合是

以無取于正蒙而口不及通書其曰茂叔者不純師之也更百餘年而朱子特尊焉其尊之也亦以自爲紹也曰通鑑綱目者紹春秋者也大約通書入之淺是以爾雅而鮮格辭正蒙入之深是以精至而多瑕語通書嫡也而不甚肖正蒙庶也且孽也雖然自秦漢以後未有能爲是識者也其讀而不易入者何學既明矣是故二書爲筌蹄而可以無述也譬之始制食匎匎糝者

美之而謂爲天下之食師也食之久味且忘矣
而何有于師

讀書後　卷四　二

書趙松雪集後

余嘗謂吳興趙文敏公孟頫風流才藝惟吾郡文待詔徵明可以當之而亦少有差次其同者詩文也書畫也又皆以薦辟起家趙詩小壯而俗文稍雅而弱其淺同也文皆暢利而乏深沉其離古同也書小楷趙不能去俗文不能去纖其精絶同也行押則趙於三王近而文不能近少遜也署書則文復少遜也八分古隸則文勝

小篆則趙勝也然而篆不勝隸画則趙之入唐宋人深而文少淺其天趣同也其鑒賞博考復同也位在趙至一品而文僅登一命壽則文踰九齡而趙僅垂七袠異也若出處大節之異前輩固已紛紛言之獨趙集有述太傅丞相伯顔德一章中所云輿地久已裂車書當會同又云六合仰照耀一方顧顓蒙嗚呼元誠而親主宋社誠屋伯顔誠賢有功矣而所宜言者何有冐

無心至此也吾待詔不與同年語也

書耶律遼史後

羊叔子世所謂仁人也然吾讀遼史以爲耶律休哥之填燕勝叔子遠叔子之填襄陽未嘗一日而亾取吳其所以勉而爲仁者老子之所謂將欲取之必固與之也休哥悍虜也虜性貪而好殺以殺爲仁以戰剋爲德而休哥獨不然擁數十萬之衆席驟勝之威以壓宋而宋之諸將毋一能負材者顧獨曰保境息民而已使其下

皆化之而不輕爲鹵掠嗚呼仁哉

書許衡傳後

許文正衡之仕蒙古爲異論者不甚肯之以爲蒙古夷狄也不當爲臣此言謬也夫衡也姚樞也竇默也非女直氏之臣也民也女直之與蒙古皆夷狄也自蒙古入而天下之不爲禽獸幾希矣幸而有世祖者不甚嗜殺人而一竅之通小有志于儒道於此而不自牖以啓之二帝三王之教其與存者幾何用夏變夷文正與樞默

之績偉矣夫耶律楚材調鉄木真之吻齒而柔之中國不盡爲牧苑而遺黎相煦以成蕃庶吾且心儀之以爲其功不在大禹下劉秉忠改服而殉世祖爲之定都邑立綱紀後世無譏焉何獨於衡而有所齗齗也且夫禹不忍於蘇乎哉孔子不舍魯而適楚哉當是時中國之教尚休明乃慨然而欲居九夷庶幾九夷之化而中國也然則爲衡者何恐坐視中國之民而九夷哉

雖然其時有江漢先生趙復者欲以死殉而不得則抱孔氏之遺書授樞等而卒不仕也此則善之善者也

書廉希憲伯顔諸傳後

吾嘗謂元有三仁焉楚材調乳虎而馴之使不盡血肉中國又能以死塞利孔其仁蔽天地矣伯顔之下宋社也肅而謐其居功也廉而約其處㢠也恬而智其應世事也毅而裁古社稷臣哉乃廉希憲又有學力焉宰相之爲眞宰相也男子之爲眞男子也噫孰謂胡無人

書改併五音篇後

改併五音篇者金老儒韓孝彦允中病古集字之未精因改玉篇歸于五音逐三十六母之中取字而次子道昭復與其子德恩猶子德惠婿王德珪增訂之加詳焉書成于金章宗之泰和八年而孝彦之猶子道昇序之者也其書未辨出道昭或德恩德惠手小楷法種種精妙吾不知于吳彩鸞僊跡何如南渡以後斷無有儷之

者蓋章宗古文盛極而業自書成之歲告殂其國日尋於干戈以至於亾毋暇及典籍翰墨之事矣此書幸不遂燹化而吾又幸得之異日戒兒曹刻梓以從三倉凡將急就之後與廣韻韻會竝傳寧不一大快事也

書陶九成書艸莽私乘後

陶宗儀九成於書鮮所不讀尤好纂集文獻掌故如輟耕錄說郛書史會要圖繪寶鑑之類雖雅鄭未分而璞玉良辨矣洪武初宋學士景濂序其書史已推爲耆碩中間有纂修之召不就余嘗見其聽琴軒詩序及送行文或作古隸或作小楷蓋至洪武末猶存而此所謂艸莽私乘者則皆忠臣孝子義夫節婦之事而元之末季

諸公所撰著也其能完身名于革故鼎新之際晚節能以壽終殆非偶矣此書乃少年筆楷法尤精謹可存余既愛其人不忝乃祖靖節風而惜其湮没也特爲拈出之

書宋景濂學士集後

間與僧無心有閱永明壽禪師日行百八事毋論精神疲于應接卽自子至亥盡廢食寢盥溲之畧而爲之亦有所不能徧後又偶檢宋學士洪武以後集十二年中得文千四百篇永明神僧也固毋論已學士握文柄特自耳順而踰從心縱游刃斲輪不礙方寸亦寧無毫髮累而優然自如吾三載來五更起焚誦不過佛道經數

卷應酬文字不盡却然亦不能學士五之一而日來心氣損耗成疾爲子弟所苦禁亦自種種覺之乃知吳門白馬之喻誠非妄也因題數語於學士集後不勝貧子之歎

書宋文憲集後二

宋文憲以宿儒佐英主司禮樂制作之柄其高文大冊徧海內郎近而九重遠而四夷亡能舍公筆弗請者骨尚肉而臺閣以易奪之久而至弘德間縉紳以古奪之至嘉靖不盡程古亦不盡爲易者復奪之蓋至于今而不復有能舉文憲名矣何論著作雖然亦安可竟廢文憲也文憲於書無所不讀於文體裁無所不曉顧其槩

以典實易宏麗以詳明易遒簡發之而欲意之必罄言之而欲人之必曉以故不能預執後人之權而時時見奪夫使後人率偏師而與之角孫主簿之三千騎足敵羸卒數萬若各悉其國之賦甲而勁於大麓所謂五戰而秦不勝三趙再勝者邯鄲岌岌乎我故思用其人也

書方正學文集後

正學先生之死義天下之人能壯之而又能痛之當是時人主不勝一念之憤屠僇其宗戚以至朋友之屬無所不株累片紙隻字皆有厲禁然其文固已鳩于三十年之餘而大行于百年之後然後知萬乘之威不能與匹夫匹婦爭勝者此是也先生之學出于宋文憲不能如文憲之博而純則過之其文則不盡出文憲所自托

在昌黎氏而不能脫蘇氏窠臼大較飛湍瀑流之勢多而煙波瀠洄之意少持論則甚正而微涉迂要非孔孟之書弗讀非濂洛關閩之學弗道而至一節之士如周孟橋楊云敞孔璋輩津津稱之不容口異日經濟之不盡究而以致命遂志終固其托寄樹立然也建文魚水之契于集中亦一二見之第齊黃日夜不遑寢息以成燕之禍禍成而委之先生以一木而支大厦之

任良可歎也集中林嘉猷者先生門人建文中爲按察僉事先生使之行燕世子間亦甚奇審爾則必不使先生草卽位詔卽不指斥亦必不免若乃至東市而哀憤伉厲固不特一先生也世之哀先生者或過有所褒飾然不失爲志士而國史成于

宣廟時似亦可以已矣而曰孝孺叩頭求哀命執之嗚呼彼寧叩頭者哉

書李空同集後

空同先生兩疏于弘治間擔荷世道不淺雖再下詔獄見以爲煆煉而實益其剛果之氣若廣信之訟血氣與義氣各强半耳材高而病脱疎則易入名高而尚激厲則易染同舟遇風胡越相救而不知其伏機之至此也一遇康德涵再遇林待用而後得免虎口噫嘻亦危矣當嘉靖之丁亥已丑間楊應寧當國名爲最知先生而

竟不一推轂事殊不可曉吾嘗謂憐才者若春風拂面便消忌才者若冰雪寒必透骨俯仰千古至今尚新可歎哉

書李西涯古樂府後

吾鄉者妄謂樂府發自性情規沿風雅大篇貴樸天然渾成小語雖巧勿離本色以故于李賓之擬古樂府病其太涉論議過爾抑剪以爲十不得一自今觀之亦何可少夫其奇旨創造名語疊出縱不可被之管絃自是天地間一種文字若使字字求諧于房中鐃吹之調取其聲語斷爛者而模倣之以爲樂府在是毋亦西子之

顰邯鄲之步而已

書陳白沙集後

陳公甫先生詩不入法文不入體又皆不入題而其妙處有超乎法與體與題之外者予少年學爲古文辭殊不能相契晚節始自會心偶然讀之或倦而躍然以醒不飲而陶然以甘不自知其所以然也若邵堯夫非不有會心處而沓拖跳踉種種可厭譬之剝荔枝薦江瑤以佐蒲萄之酒而餒魚敗肉臬羹蛙炙雜然而前進將

掩鼻抉喉嘔噦之不暇而暇辨其味乎然公甫乃極推重莊孔晹又堯夫麋也而公甫亦自沾沾則不能盡出無意以此小讓陶先生

書王文成公集後一

余十四歲從大人所得王文成公集讀之而晝夜不釋卷至忘寢食其愛之出于三蘇之上稍長讀秦以下古文辭遂于王氏無所入不復顧其書而王氏實不可廢盖當王氏之爲詩少年時亦求所謂工者而爲才所使不能深造而衰于法晚節盡舉而歸之道而尚爲少年意所累不能渾融而出于自然其文則少不必道而往

徃有精思晚不必法而匆匆無深味其自負若兩得而幾所謂兩墮者也以世眼觀之公甫固不如以法眼觀之伯安瞠乎後矣若伯安所上封奏陳事理敘功略押闔宏暢使人目醒當不在蘇氏下余少嘗見魏子才先生曰伯安疏絶不如胡永清此以事理言也非以文也

書王文成公集後二

王文成公之致良知與孟子之道性善皆于動處見本體不必究析其偏全而沈切痛快誦之使人躍然而自醒人皆可以爲堯舜要不外此第孟子之所謂善足矣乃必盡闢他說以獨伸吾是文成之所謂良知足矣乃至盡引經語以證吾合吾伸吾是而彼之所謂是者亦出矣吾證吾合而諸牽蔓而不能悉合者亦出矣譬之

行道而得康莊見者振足噉酪而得醍醐聞者朶頤何暇辨他岐别異味哉乃北人不學妬文成之俎豆而膚辭詆訶之真蜉蝣之撼樹可咲也

書李于鱗集後

昔在西省東署時於于鱗詩無所不見而所見文獨贈子兩序及顔神城碑之類不能十餘首當時心服其能稱説古昔以牛耳歸之衆已有葵丘之議而最後集刻行則叛者羣起然往往以詰屈聱牙攻之則過矣于鱗之病在氣有窒而辭有蔓或借長語而演之使不可了或以古語而傳新事使不可識又或心所不許而漫應

之不能伏匿其辭至于寂寥而不可諷味此三者誠有之若乃誌傳之類其合作處眞周鼎商彝尺牘之所輸寫奇辭濬言縱橫溢來而莫能禦恐非北地信陽所辦也徐子言之惡于鱗著之書吾既不伏亦不暇辦爲志數語於後

書歸熈甫文集後

余成進士時歸熈甫則已大有公車間名而積數年不第每罷試則主司相與咤恨以歸生不第何名爲公車而同年朱檢討者俛人也數問余得歸生古文辭否余謝無有一日忽以一編擲余面曰是更不如崔信明水中物邪且謂何不令歸生見我當作李密視秦王時狀余戲答子遂能秦王邪即李密未易才也退取讀之果

熈甫文凡二十餘章多率略應酬語葢朱所見者杜德機耳而又數年熈甫之客中表陸明謨忽貽書責數余以不能推轂熈甫不知其說所自余方盛年憍氣漫爾應之齒牙之鍔頗及吳下前輩中謂陸浚明差强人意熈甫小勝浚明然亦未滿語又數年而熈甫始第又數年而卒客有梓其集貽余者卒卒未及展爲人持去旋徙處曇靖復得而讀之故是近代名手若論議

書疏之類滔滔橫流不竭而發源則泓渟朗著誌傳碑表昌黎十四永叔十六又最得昌黎割愛脫賺法唯銘辭小不及耳昌黎于碑誌極有力是兼東西京而時出之永叔雖佳故一家言耳而茅坤氏乃頗右永叔而左昌黎故當不識也他序記熈甫亦甚快所不足者起伏與結構也起伏須婉而勁結構須味而裁要必有千鈞之力而後可至于照應點綴絶不可少又貴琢

之無痕此毋但熙甫當時極推重于鱗于鱗亦
似有可憾者嗟乎熙甫與朱生皆不可作矣恨
不使朱見之復能作秦王態否熙甫集中有一
篇盛推宋人而目我輩爲蜉蝣之撼不容口當
是于陸生所見報書故無言不酬吾又何憾哉
吾又何憾哉

書洹詞後

崔子鍾論人雖過刻然往往有識見不隨衆悲咲獨于文務剪裁而無沛然之氣蹊徑斧鑿靡所不有蓋慕子雲之法言而工不足者也吾每讀歸熈甫時義厭其不可了若干尺線每讀崔子文句句可了若線斷珠落恨未有弇州剪刀剪歸生以端午續命絲續崔氏也

讀大學

大學一書古聖帝王相傳體用之大要雜見于禮經而朱子獨表章之令天下家喻人習不若五經之有專治而不能相通也於戲亦盛矣吾獨惜朱子之勇于表章而不精于訂定也夫三綱領八條目盡之矣今雜置知止及物有本末諸條于首章以致知格物之解闕焉而妄以腐庸之長語補之不合聽訟之章於物有本末後

又贅之以釋本末且遂有本末而無終始何舛也王文成之格物與朱子異且取大學之古本以正其誤似矣然所謂古本者恐亦未盡當也新民之釋章明德前而止至善後昭昭若日星誰能廢之且欲以如保赤子之一言而證親民抑何濶迂也區區管窺竊以大學本無闕文位置稍失序耳前亦非聖經後亦非賢傳蓋曾子引夫子之緒言而繹其意以誨門人門人因而

成書前列三綱八條而後序釋之凡古人之爲文類如是耳何以知非曾子書也文有曾子曰云云不應自言而中自引之也所謂門人者必子思也何以知其子思也它門人必不能也今竊爲之訂定曰大學之道在明明德在親民在止於至善古之欲明明德於天下者先治其國欲治其國者先齊其家欲齊其家者先脩其身欲脩其身者先正其心欲正其心者先誠其意

欲誠其意者先致其知致知在格物物格而后知至知至而后意誠意誠而后心正心正而后身脩身脩而后家齊家齊而后國治國治而后天下平康誥曰克明德太甲曰顧諟天之明命帝典曰克明峻德皆自明也湯之盤銘曰苟日新日日新又日新康誥曰作新民詩曰周雖舊邦其命維新是故君子無所不用其極詩云邦畿千里惟民所止詩云緡蠻黄鳥止于丘隅子

曰於止知其所止可以人而不如鳥乎詩云穆
穆文王於緝熙敬止爲人君止于仁爲人臣止
于敬爲人子止于孝爲人父止于慈與國人交
止于信詩云瞻彼淇澳菉竹猗猗有斐君子如
切如磋如琢如磨瑟兮僩兮赫兮喧兮有斐君
子終不可諠兮如切如磋者道學也如琢如磨
者自脩也瑟兮僩兮者恂慄也赫兮喧兮者威
儀也有斐君子終不可諠兮者道盛德至善民

之不能忘也詩云於戲前王不忘君子賢其賢
而親其親小人樂其樂而利其利此以没世不
忘也知止而后有定定而后能靜靜而后能安
安而后能慮慮而后能得物有本末事有終始
知所先後則近道矣自天子以至於庶人壹是
皆以脩身爲本其本亂而末治者否矣其所厚
者薄而其所薄者厚未之有也子曰聽訟吾猶
人也必也使無訟乎無情者不得盡其辭大畏

民志此謂知本此謂知之至也然則致知在格物之韋何闕釋乎大抵所謂大人者德位兼備之大人而所謂學者治國平天下之學故于格物一韋遽及于無訟之爲本以見體不離用平天下之韋絶不及國而惟致辨于忠信驕泰之得失以見用不離體而中以脩身貫之見大本之所在而後可以言學王文成之訓格雖小牴牾而其所謂物則合矣即物窮理之支離何必

待辨而明吾故曰曾子授之而亦子思述之者也

讀中庸

讀中庸而知孟子之爲子思門人無疑也孟子之言性善委曲懇至然不過因率性之道而明天命之真耳其他所稱堯舜性之湯武反之卽誠明明誠生學安利之說耳第反之一字却似未穩恐人作荀卿解首章擬朱子解則戒慎不睹恐懼不聞與下慎獨功由淺而至深而王文成解則下文之所謂獨者卽不睹不聞而所謂

慎卽戒謹恐懼也竊詳文義當以文成爲當下文朱解喜怒哀樂謂之中卽天命之性也發而皆中節謂之和卽率性之道也文成解則愼獨以後脩道之教事也微犯致字義矣第朱子解則天下有大本而無達道矣至于致中和分天地位萬物育又分戒懼謹獨支離割强大失子思本意

中和者體用也中庸者卽已成之德而表之曰

無過不及而已曰平常而已注變和言庸者誤
庸之一字禪者亦知之曰平常心是道
君子無入而不自得幾于化矣而末引夫子失
鵠反身之論所以異于莊周列禦寇也
鬼神之爲德章直與易繫相表裏祭義不足盡
之郊社之禮所以祀上帝也此語有深味而朱
子以不言后土爲省文似失之天以象地以形
雖分而上下然各一物耳而所以主宰之者一

上帝也冬至而祀南郊其神此上帝也夏至而祀北郊其神此上帝也所謂易有太極也故詩書聖賢之所稱述有上帝而已不言后土者非略之也釋之言曰帝釋天道之言曰玉帝亦此義也所謂閻羅王者主治人之盡而爲鬼者非土也

夫子稱治天下國家有九經孟子之所謂王道者子庶民之一經耳而何以能使齊梁之君幡

然而從我也博學審問慎思明辨篤行五者不可缺只在之字上體認分曉耳朱子之格物於之字似未徹也王文成之格物知有之而欲廢此五者不可也故皆不知聖言之全

子思説致中和位天地育萬物至誠如神處絶得易繫之精非孟子所可及

衣錦尚絅章與首章戒謹恐懼以後相表裏而精詳懇至

讀書後

讀孟子

孟子聖之英者也於辭無所不達意於辨無所不破的其鉤摘聖人之心神辨論千古之學術精深痛切有吾夫子之所未及而至于是湯武薄君臣亦有吾夫子之所不忍言者不幸而不見用于齊梁然亦幸而不見用于齊梁也惠毋論已卽齊宣而用之其始必受掣于文忌驩髡之輩必不究稍究而受忌于秦楚燕趙之君兵

交于臨淄之境故將畏上刑而不出必以誘孟
子翼之以章丑則必敗其勝之而先移二周之
鼎天下之罪叢焉則又敗夫惟其不用也而後
世以王佐目之以不遇惜之故曰幸也韓子以
楊墨塞路孟子辭而闢之之爲功不在禹下愚以
爲尊夫子功也闢楊墨非功也凡天下之術有
可久者必其便人情者也墨氏利天下摩頂放
踵而爲之恡者不自便也揚子拔一毛而利天

下而不爲貪者不之便也此皆非人情是故不待鬬而終自糜如便者雖至今存可也吾竊以爲夫子而下顔氏子醇乎醇哉曾子子思蓋庶幾焉荀子大疵而小醇者也揚子醇與疵俱小者也孟子大醇而小疵者也孟子之醇非諸賢之所能爲醇也孟子之疵猶之乎諸賢之疵也

弇州山人讀書後

琅琊王世貞元美撰　姪士騄投正

華亭陳繼儒仲醇定　長洲許恭訂

讀秦本紀一

秦始之惡極矣然其創制立法可紀也稱皇帝罷侯置守令即王族懿親無尺土之奉豈不亦廓然太公哉春秋之時徐有淮夷青有萊夷雍有犬戎義渠豫有三川陸渾之戎冀有鮮虞赤

白長狄山戎荊揚之地則無非蠻者其人與鳥獸雜而生堯舜之世化不得過數千里焉荒服之外大抵因俗爲教固耳秦一蕩洗之而至于今卽西北至于朔方遼西無終令支之地南度百粤踰五嶺巴笮滇池卭不襲衣冠而談詩書治禮樂者於乎誰力哉故秦皇漢武不足爲人主訓也然而功足言也先王之法有道窮而不得不變者封建也民之爲君三年喪也有勢窮

而不得不變者井田也古文也於古有益之而善者紀元也有損之而善者肉刑也有略而善者氏族也於乎時哉宜哉宜哉時哉

讀秦本紀二

秦之取天下而不以道者其罪不在始皇而在莊襄以前之主所以失天下者其罪不在始皇之取而在守也夫秦自孝公用商鞅爲功級之賞以誘戰士而使之强七國之民自始祖而至于耳孫其首世世入秦庭而封于涇渭之間男不得耕女不得織士不得拱手而奉先王之業盖至始皇而天下之所謂共主若赧王者頓首

于冀闕之下而周不祀矣其時六國之邊秦者四而其半已爲秦有矣秦雖大出兵以下之而非有血戰封觀之實如長平伊闕者也秦之勢不得不併六國六國不得不併而爲秦且秦至是非與周代也與六國爲代者也夫六國者非僭夷之楚卽篡晉之趙魏韓而篡姜之田氏也秦何以不得滅之藉令秦稱皇帝罷侯置守令而輕徭薄稅以與天下相安于無事夫誰曰不

可善乎賈生之言曰仁義不施而攻守之勢異也昔人有云湯武逆取而順守之而儒者皆以爲非愚以爲未可非也夫桀紂者誰之後歟禹與湯之後也商周固世世而臣事之矣桀之二主雖惡然不能出于五服之外而使商周之民盡被其毒也卽不忍而誅其君弔其民立其近裔之賢如若微箕者而臣輔之不亦可乎是時夏殷完國也非若赧王之如髮而不可挽者也

商周大邦也非若晉宋之伏危而不可退者也聖人與其政之仁而亮其心之無所冀而姑爲之稱曰順天應人然猶不没其實而時見之夫子之不純于湯武也乃其所以不純貶秦晉也近世有豎儒丘氏者不得其說而輕于持論絀其統而削之嗚呼是身爲僭也

讀魏志

余讀史至魏操未嘗不惡其巧而惜其拙也身佐漢而相之挾天子令諸侯以收四海之權而爲魏矣既陰奪而又陽卻之曰吾以臣道終乎何其巧也然而天下莫心與也後世莫口與也舉而名之曰簒嗚呼簒矣當獻帝時董李肇釁拉然土崩海內之欲爲所欲爲者何限有操以無操亦以以等耳有操後以則曷不脩諸葛之

政將之以忠純權陷廓清寓宇莫乂人心而無
忘漢也則漢人心而厭漢德魏也則魏不亦明
白坦遂哉而顧狼其嗜狐其態屠僇忠舊敖廢
儀節至于弑后辱主而後已噫又何拙也雖然
魏操無足言也吾所尤惜者劉裕裕非操比也
搏國于桓玄還已失之晉而後奪之晉無裕已
不社矣零陵之弑亦可以已乎丕不害山陽公
裕害零陵王其後裔之亾也亦如之嗚呼孰謂

無天道哉

讀五代史

余讀五代史至石晉賂契丹盧龍事未嘗不廢卷歎也曰嗟夫中國之有金元孽哉其弃廢冠屨潰坊隘椎䙌衣冠納之腥穢即無復論矣謬哉石晉之以中國狄也三代而下其盛者毋過匈奴突厥柔然吐蕃回鶻力足以有中國矣然而弗能入也間入之然而弗能居也非其心不欲勢不可也宮室衣服飲食嗜好弗便也濕暑

弗習也驟而令居之若鳥獸之就藩而魚龍之攺陸也契丹得幽州提衡其州之民無不旦而騎且馳射之令技比矣教其虜雜沿幽之士風物候令俗南矣挾北技就南俗更數十百年而其勢固已包中國而入其槖金之一嘬而食半也元之再嘬而食全也固所必至矣嗚呼石晉之罪與

明高皇帝之勳豈不均爲重昭揭萬古哉余閒

者欲竊取春秋之義始石晉訖　明高帝成一家言而力罷未果因著其志於兹見大都耳

讀書後[illegible]

讀宋史

宋所以得稱大繼唐宋者獨其君共儉崇禮讓斬然家範藹乎子惠之政而已其他固不勝晉余得略指數焉藝祖賢非晉武帝比也然而其所以取周則又甚焉武帝藉累代之業離君臣之分勢不得退而稱臣矣藝祖一殿帥耳固周帝之所卵翼而手足者也一旦乘隙而掩之若承蜩然其何以見周帝地下哉晉鼎革之際其

爲敵者偏覇之孫氏而宋則遺統之劉鈞也重在劉氏則輕不得不在趙氏也晉自太康中下吳即無尺地不入版者而宋至太宗朝始取太原降兩浙然盧龍十六州之地契丹之割如故也天下固已失九之一李繼遷割銀夏黎桓割交阯天下又失九之二而宋之君臣方日惴惴焉奉歲幣而昆事契丹及二帝之北禽也與遺主南竄迹相等也晉之江左其君忘中原矣然

未嘗不詔胡羯而賊之宋之江左其君日夕不忘中原矣然未嘗不表金狄而君之伯父之晉之亾猶有禪受之迹焉宋亾而銜璧輿櫬再辱王庭抑何其志絀辱也故宋之治其於漢唐弟也其統于晉亦弟也語統者伸宋則不得獨屈晉屈晉則不能獨伸宋且宋安能越晉而漢唐也或者曰宋至濂洛繼之閩而先王之道秩如也斯其所以爲統乎曰仲尼魯人也世卒不以

魯先盟主之晉而況濂洛爲也彼以爲宋重諸儒生乎抑諸儒生重宋乎

讀元史一

余嘗怪晉世匈奴鮮卑羯氐羌以至索頭之虜更迭而入爲主其割中國十之六七耳然往往襲華號變夷禮多足稱者盖至孝文而其俗彬如也豈其先嘗雜處中國有所覬慕于志邪宋亾而薄海内外鮮有不爲元者顧其君臣日斷斷焉思以其教而易中國之俗省臺院寺諸路之長非其人不用也進御之文非其書不覽也

名號之錫非其語不爲美也天子冬而大都夏而上都上都漠北也其葬亦漠北視中國之地若甌脱焉不得已而居之于中國之民若贅疣焉不得已而治之又若六畜焉食其肉而寢處其皮以供吾嗜而已於乎不亦天地之至變不幸者哉然所謂匈奴鮮卑羯氐羌索虜者其人浸淫而忘其故矣是以一易世而輙盡元唯不忘其故是以易世之後僅能驅而置之大鹵之

外若飛鳥之就林，而巨鱗之還壑也。元所以迄今不絶哉，金之有完顔雍也，猶之乎漢文景也。嘗怒太子盡用華服，力世其衰矣，是元之策也。

讀元史二

彊言秦富言隋大言元蓋叟千古亡對焉及其亾也若符合而鑑照也勢成於土崩而盜發于蝟磔也自古帝王之興必有佐命之士與之相協以就勳亦必有亂命之士與之相角而不得遽就佐命之功天下能知之而亂命之功天下無能知之是故秦之有陳項武李諸氏也爲漢先驅者也隋之有楊李王竇蕭薛諸氏也爲唐

先驅者也元之有張陳韓明諸氏也爲明先驅者也當勝國之全盛也欲以初起烏合之衆率然而與之抗是以羊餧虎也是故餌之以强有力者掎而角之彼勝而我乘其弊也然而屢相扼者彼雖未覩天命所嚮至勤力殘衆然所以陰益不淺也人主未見得天下之不易則守成之道或解多好盈而務遠大天下未見得人主之不易則驁桀之氣猶存多陰覬而輕

舉事兩賢扼而不下也才智出□慮長大命既
集之後偃然而念休息天下之民亦且瞿然而
悔兵革蕩滌穢志上下兢兢以保治安長爲漢
爲唐爲　明而不復有躑斷鬬攘之患則誰力
也王子曰余讀元季喪亂事葢竊窺之焉天之
啓　明深也或曰元事可得聞歟曰天之厭之
其大幾也主驕而靡臣以諂濟貪其大綱也至
所以召亂者有三一曰志在囿中國而芻牧之

以省臺院之長郡路之帥則靡不濊肉酪侏儒左袒者焉暴而椎不習民與猾吏耳遞而治其戲人多矣夫安得不盜也二曰承平久士見金鼓而股栗即所將又多濊肉酪侏儒左袒公子也夫以畏敵之兵而當不畏死之寇焉所取勝哉三曰官既不勝盜即無奈盜何也招撫之說行而重餌盜金帛之巳又官爵之盜得盜之利而玩其主民見盜之利而嗜爲盜偷安之徒幸

盜之招以免責豪傑之士憤盜之招以解體詩云殷鑒不遠在夏后之世此之謂也

讀書[illegible]　卷五　[illegible]

讀荀子

吾讀荀氏書其言性惡禮矯大抵多憤嫉過中之旨則豈唯小疵已哉至云養心莫善乎誠有味乎有言之也夫誠者眞實不妄也對誠之者而言則聖人事也偏而言之則徹上下語也宋儒舉而非之曰旣誠矣心安用養邪如以辭而已矣孔子之告哀公曰思事親不可以不知人思知人不可以知天其爲荀氏語也宋儒當復

舉非之曰是天親而外鑠也是上達而下學也抑何謬戾失序也宋儒之好刺誹古而顛其尊若此又莊子之言曰父子不可解于心君臣無所逃於天地也名言也夫無所逃於天地亦已過矣宋儒復舉而非之夫父子主恩君臣主敬天也人也寧無纖毫乎哉堯崩四海若喪考妣必堯而後若喪考妣也父不慈即瞽叟為吉甫若晉獻者逝而子可無慟哉

讀揚子

余讀揚氏法言其稱則先哲畔道者寡矣顧其文割裂聱曲闇曶淟涊剽襲之跡紛如也甚哉其有意乎言之也聖人之於文也無意焉以達其所本有而不容祕耳故其辭淺言之而愈深也深言之而不祕也驟之而日星乎徐之而大羹玄酒哉乃其矩矱天就矣世之病揚氏以道也余之病揚氏以文也雖然文則又奚病焉

讀管子

余讀左氏所稱管子大要佐桓公以正如伐楚郤鄭太子辭上卿禮彬彬乎德言君子也即孔子亦稱之曰如其仁如其仁及讀管子一書自定兵制與魚鹽諸大策外往往擇甲而易行博小以圖大轉敗以爲績巧取而不匱愚其君遂愚其民以愚天下之諸侯使翕然用于吾術而不敢背竊以爲戰國之策士術史傳會而增益

之者晚而信其然不謬妄也夫齊積徂之國也戎與楚積强之虜也驟而用齊以王齊必不信驟而加戎楚以王楚必不絀管子善因時者也時至三代人猶純如也及周之衰而人斷斷如也孟氏曰管仲曾西之所不爲也而子謂我願之乎又曰王不待大文王以百里湯以七十里滕不五十里邪井田之制孟氏之言則既行之矣至于築薛之問而後其技窮也得王而王者

周公也得伯而伯者管子也能王而不得王者孔子也不能王而欲王者孟氏也昔宋之南壓於金若卵矣而濂閩之徒日諄諄以正心誠意之說告其君至于用略焉萬一不幸而君任之并吾田車吾兵不踰時而社稷飽敵矣於乎今安得起仲而將相其才使之南治島北却虜徐而置濂洛諸儒于庠序間雅步高論藻飾其所不足邪

讀逸周書

余讀逸周書七十一篇未嘗不奇深其文辭而怪其詩也其言甚仁湯而武武曰桀與其屬五百人止不齊民棄之徃奔湯凡數徙輙棄湯放桀而復薄三千諸侯大會湯退再拜從諸侯之位諸侯莫敢即又曰武王征西方憝國九十有九馘魔億有十萬七千七百七十有九俘人三億萬有二百三十是武王者秦始漢武之靡也

王子晉曰吾復三年上賓于帝所以是至今稱晉仙去王會敘事固典有法然所紀奇民淫珍怪鳥獸抑又何誕也奈何不使人主津津好大哉第書名汲冢者非按汲冢書晉太康二年汲郡人不準發安釐王出冢書凡七十五篇如紀年瑣語梁丘藏徼書易國語論語篇目杜預序稱太甲殺伊尹事今本皆無之書所載武王斬紂妲已懸頭二太白旗及周公謚法已收之太

史公史記中寧至魏始出哉雖然余未獲見汲冢書以爲恨而孟子於武成乃僅取二三策何也

讀家語

吾嘗讀家語，怪其錯雜不精，如所稱商羊萍實，於大道奚益也。雖然，是寧獨無聖人之言乎哉！自宋儒表四子，列於經，獨尊論語。論語行而家語廢，乃至如周禮、孝經，聖人經國盡性之書，不得一列學官，使諸儒傳習，可慨也。孟子言仁義，闢楊墨，其功大矣，至于辨理氣之屬，論君臣之際，未甚徹也。有任而發者，有矯而致者，於經猶月之於日也夫三禮周禮也儀禮也曲禮也今廢周禮儀禮不載而厠之以月令檀弓儒行諸篇抑何輕重失次也愚不揆欲詮三禮而删其非歆莽褒猶之傳會者爲禮經尊論語而删其非夫子言者採孝經禮記中庸大學家語之凡爲夫子言而粹者别爲經以配禮而六之其非夫子言而稍粹者如魯論門人檀弓諸家合爲傳與孟子翼經而兩之未敢也聊識于此

讀關尹子

關尹子九篇劉向所進云其人卽老子所與留著五千言者其持論抑塞支離而小近實非深於師老子者也其辭潛夫論衡之流耳不敢望西京何論莊列至云人之厭生死超生死者皆是大患也譬如化人若有厭生死心超生死心止名爲妖不名爲道則昭然摩騰入洛後語耳豈向自有别本邪抑向本遺錯後人妄益之

邪夫老子而不爲關尹著五千言巳耳老子而爲關尹著五千言此其非關尹語也無疑

讀鬻子

鬻子僞書也其文辭雖不悖謬于道要之至淺陋者掇拾先賢之遺而加飾之耳謂禹據一饋而七十起非三吐之戹言乎七十起何其勞也禹得七大夫如杜季施皆非夏氏因生之姓至所謂東門虛南門壖西門疵北門側幾乎戲矣夫鬻子九十而爲文王師也乃末篇曰昔者曾周公使康叔往守于殷何哉阮逸僞元經李筌

僞陰符劉歆僞周禮固矣猶能文其辭未有如
鬻子之淺陋者也雖然使僞而近也毋寧僞而
遠也乎近則惑

讀列子

莊子語多引列子或曰傳會之書也此殆不然其持論無以大異莊子其敘事裁而掞辭法則似勝之獨所稱化人見周穆王與西方有聖人語爲瞿曇氏之學者往往相引以重至謂其教嘗巳行于中國而秦廢絶之噫亦謬矣余謂列子中所載二事與關尹子之言皆非舊文儒而瞿曇學者陰益之

讀亢倉子

亢倉子其文辭東京之後迂於儒者耳其議則無嘉焉余讀公孫龍雖其謬悠鄙舛而要之縱放强辨儼然戰國之習也僞者多援少倍多拘少劇亢倉子僞書也列子載亢倉子遂有亢倉子家語記子華子遂有子華子賈誼稱鶡冠子遂有鶡冠子嗚呼士之托空名以求傳其言者意亦可悲哉

讀鬼谷子

劉向班固不載鬼谷子隋志始有之以故讀者疑其僞撰然其命篇甚奇詞亦偉至所以捭闔張翕之機大要出于老氏老氏之以退爲進以與爲取知白守黑知雄守雌不足求足不大求大雖天下後世之言術者莫外焉深于鬼谷者也鬼谷老氏之所甚諱也儀秦又老氏之所甚諱也雖然不得而終諱以辭其咎夫老氏之於

禮猶惜其爲亂首而充其說詐而爲儀秦慘而爲申韓誕而爲市大悖而爲梁甪於乎可勝亂哉按鬼谷子楚人隱鬼谷不著名氏嘗有書責儀秦夫既教之矣又何責焉續仙傳曰鬼谷子卽王詡也得道爲地仙此訣辭也

讀鄧析子

鄧析子五篇鄧析子鄭人也或云數難子產之政子產戮之按左氏駟歂嗣子太叔爲政始殺析其人不足論其文辭戰國策士倪耳循名責實察法立威先申韓而鳴者也至謂天於人父於子兄於弟俱無厚者何哉先王之用刑也本於愛析之用刑也本于無厚於乎誅晚矣轉辭篇與智者言依于辯數語同鬼谷子豈後人傳

其旨苟益其辭也邪要之小人之言往往出于機心之發故不甚相遠耳呂氏春秋記析嘗教獲溺屍者購逆屍者交勝而不可窮圉而并舞文之魁也孰謂駟欵失刑哉

讀呂氏春秋

呂氏春秋其文辭錯出不雅馴往往有類齊諧稗官者其食客所爲耳懸千金於市購增損而莫之敢也畏其意故不信其令焉取增損哉儒家者流取其篇首所紀月令厠之經迨令焉甚矣不韋之巧也始而以財役其身陰亂秦裔而不悟也既而以財役其言陰亂聖經而又不悟噫嘻則豈獨不韋罪哉

讀韓詩外傳

韓詩外傳凡十篇漢人燕韓嬰所著其注詩二十二卷而此則雜記夫子之緒言與諸春秋戰國之說家稍近于理者也大抵引詩以證事而非引事以明詩故多浮汎不切牽合可笑之語蓋馳騁勝而說詩之旨微矣獨其辭稍明健可誦而所記亦不甚詭于倫物唯謂孔子南游阿谷之隧則類于懷春之吉士而周公之討管楚

激于隱客之一言爲大謬耳夫子見狸跡鼠而鼓瑟曾子聞而識其有貪狠之心其然乎豈螳蜋捕蟬之說所由昉乎然以美曾子之察音則可以見夫子之移志則不可甚哉好奇者之易詩也

讀白虎通

白虎通者漢章帝建初四年詔諸儒會白虎觀講議五經同異使五官中郎將魏應承制問侍中淳于恭奏帝親稱制臨决如孝宣甘露石渠故事曰白虎通又按班固傳天子會諸儒講論五經作白虎通德論令固撰集其事然則此書爲班固筆也其言禮樂名物制度甚詳往往雜取經傳不爲背理道而獨于五行之生剋次第

悉取人事以配之大抵出于不韋仲舒之緒論而其他立賞罰議褒貶則公穀之義居多至紀封禪而諛心盡露矣吾嘗謂漢之儒多援經以飾事而宋之儒必推事以就經援經以飾事有遠而誣者然而于事濟也推事以就經有邇而當者然而于事不必濟也其濟爲雋不疑而其誣至于劉歆之佐王莽噫亦可鑒也

讀三墳

毛漸序三墳其時皆以爲僞書而漸獨信之毋論其淺率而强爲古語也伏羲畫連山而有民兵器陰兵妖陽兵妖兵陽陣至策辭而曰主我屋室主我孙斧神農歸藏而曰殺藏墓此皆不知其字而妄爲説者也隋購天下遺書有劉炫者僞爲連山等易百餘卷上之受賞而去後事發坐抵罪所謂三墳者豈即其書也邪

讀元命苞

右書據以爲後周衛元嵩述唐蘇元明傳李江注楊元素由祕閣傳本鏤行而張昇以授楊揖者也愚謂此即素撰或張昇撰而托者也卦下每作重疊文難字而攷之諸字書則易曉其旨甚淺而於理不甚悖又經傳註若出一人手故以爲宋人作也凡唐以前僞書其理駁而時有精旨其文雜而古其字奇而有不可識者今皆

反之故以爲宋也乾坤鑿度亦然惟穆天子傳竹書紀年汲冢周書則非秦漢以前人不能也

讀衛霍傳

昔人稱衛青霍去病傳爲太史公敘法之奇者然其論衛將軍曰於天下無稱也去病則曰有天幸不至乏絶而已嗚呼匈奴天下莫强焉其所以數勝而不絀者豈盡天幸耶至伍被之所以奇大將軍于淮南王者又胡無稱也李廣盖屢戰而屢敗也太史公津津不啻口出焉敘其材力慓果負誼槩饒仁卹指畫軍事若貌也於

其勝而幸者如彼於其敗而不幸者如此是可以識矣吾不幸而材不見知于孝武而卒腐以老如公孫弘兒寬者二將靡耳奈何雍容取公相爲也彼盖以李廣自況也太史公於游俠刺客貨殖伯夷屈平諸傳皆有所感慨獨於李廣衛霍傳比興之義多吾既深于其指而又惜其以私故掩衛霍擢虜之妙使後人不得尋也

讀會昌一品集

余嘗怪唐中興以後稱賢相者獨舉裴晉公不及李文饒以爲不可解後得文饒一品集讀之無論其文辭剗鑿瑰麗而已即揣摩懸斷曲中利害雖鼂陸不勝也當裴公之下蔡也天子之志定將謀合而蔡之亾形成矣公不過一贊其決耳蔡下而天下之望歸焉及其帥河東握都統印環數道之兵受進止而不能取趙一支郡

而望若故也一屈于鑄再屈于積三屈于逢吉四屈于宗閔而望又若故也是遵何道哉文饒佐武宗逼黠戛斯破回鶻平太原定澤潞若振槁千里之外披膽待燭百萬之衆頫首而聽一言之指麾國勢尊主威振卽不啻屣裴公而上之而及其貶也天下有以爲當然者豈盡成敗論邪彼其訿太尉之賞浮則不聞有以司徒匹者譏平泉之觀侈則不聞以綠野匹者又何也

裴以誠李以術裴以容李以忮如是而已史稱其一飯必報睚眦必酬夫脩別于恩怨若此而豈意其曲擠而致之死地者乃其素所恩之敏中邪何文饒之精爽能見托于令狐而不能快心于敏中也則其鬼固賢于其人也嗚呼才至於文饒而不得稱賢相可畏哉

讀書後　卷五

弇州山人讀佛經後

琅琊王世貞元美撰　姪士騄挍正
華亭陳繼儒仲醇定　長洲許恭訂

讀圓覺經

余讀圓覺經所稱四大各離今者妄身當在何處未嘗不怳然自失至云四緣假合妄有六根六根四大中外合成妄有緣氣于中積聚似有緣相假名爲心則又未嘗不洒然悟也余自束

髮而來所身受榮辱憂喜悲樂亾慮數十百矣日憧憧焉役余而受之若以爲眞境焉抑何謬盭失計邪不得已而强受之而假名之得已而不已而又强執之嗚呼余之暴余深矣不卽不離無縛無脫此是吾人善證第一義我愛旣絶萬境皆空不願作佛何况生天亦庶幾矣莊氏言至人入水不濡入火不熱嗚呼是奚啻水火哉

讀壇經一

壇經其聖人之言乎哉然而非聖人教也其教行天下遂無祖矣非無祖也夫人而能爲祖也黃梅之徒蓋千餘焉引而不發躍如也達磨之示旨微矣子曰參乎吾道一以貫之曾子曰唯子出門人問曰何謂也曾子曰夫子之道忠恕而已矣夫悟解悟也解悟非悟也酥乳醍醐品列而人嘗之而味得也日攜醍醐而食人知味

者寡矣

讀壇經二

阿難親從世尊且數十年受楞嚴時幾墮法身而不支數現聖光屈金色臂指示要理而不悟六祖一謁黄梅而即覺其入可知也然至遷化現虚空變分骸二國抑何其通達靈妙邪夫子曰或生而知之或學而知之及其知之一也

書僧倜禪師傳後 一曰僧稠

覽倜禪師傳密行妙解化匝元魏高齊之際一時龍象蓋南嶽思天台顗所不及也第攷朝野紀聞全載二書則謂倜少作沙彌往往同輩獰酗角力輒以劣弱見侮祈于金剛神求庇一夕夢神現大身執杵逼令食筋盡一鉢覺而力驟發同列猶侮之因橫蹋殿壁行數百步躍首至于梁者數四乃引重千鈞拳捷驍武動駭觀聽

後遂證果入林慮山構寺宇窮極壯麗齊文宣
聞而怒欲僇之躬率數萬騎往討僩領僧徒候
于谷口帝惟問僩曰陛下欲加法貧道恐血汚
伽藍故爾受僇帝大驚禮懺旣設饌畢謂僩曰
聞師得力于金剛神欲一見可乎僩曰此人力
耳當爲陛下見少神力因勑諸梁木起相搏聲
若霆震擢迸紛墜帝懼而止之遂聽僩度人造
寺無得禁止今傳不載其食筋呪木事第云出

家落髮識神厲勇及受十六持勝法節食艱心九旬食米量至四斗又遇懷王西王屋山兩虎交鬬咆響震岩乃以錫杖中解各散而去齊文宣加害領徒預逆因而感悔此却符合又傳謂齊乾明元年四月十三日辰時絶無患惱端坐而終異香滿寺茶毗之際白鳥數百徘徊煙上悲鳴移晷二書所載則又云於并州營幡子未成遘病臨命願爲大力長者旣成此功後三十

年隋文帝過并州見此寺而渙然若記處分營造其寺遂成當時故謂文帝大力長者也尋傳所以不載者得非謂僞師業證四果位居五地豈得乞靈鳥舃現身國主習小乘業作有漏因邪然攷之文帝以魏大統七年生生二十年而始爲乾明元年今乃稱僞師後身則尤可笑因附記于後以補傳之闕且證别記之謬

題南陽國師傳後

司空于頔問紫玉大通禪師曰如何是黑風吹入羅剎鬼國師曰于頔客作漢問此事作麽生頔失色師曰這便是黑風吹入羅剎鬼國代宗在便殿指觀軍容使魚朝恩謂南陽國師曰朝恩亦解佛法朝恩進問曰何謂無明從何而起師曰衰相現前奴也解問佛法朝恩大怒師曰卽此是無明無明從此起二段極相類亦大俊

快然禪和子往往用此伎倆久之不直錢矣于司空原籍是羅刹鬼國人魚軍容落地便結無明種子一生於其間作活何煩問對也

書知玄法師傳後

佛祖統紀謂知玄法師自成都謁僖宗優禮之賜號悟達尋歸九隴定中見菩薩摩頂說法言訖卽隱俄見一珠入玄左股隆起痛甚上有晁錯二字玄知夙業卽右膝安臥而逝世言玄之前身漢州三學山知鉉法師臨終感病與玄正類及攷神僧傳知玄邂逅一僧患迦摩羅疾候視無倦至別僧曰子後有難可往西蜀彭州茶

龐山相尋二松爲誌後玄居安國寺僖宗禮之賜沈香座忽膝生人面瘡眉目口齒俱備以飲食餵之則開口吞啖因憶僧言入山尋訪二松之間佛寺儼然故僧出迓甚懽遂留止宿告以所苦曰無傷也山有泉旦灌之卽愈及明至泉所方掬水際瘡忽人語曰未可也公不讀西漢書乎曰讀曰旣讀之寧不知袁盎殺晁錯乎公卽盎後身吾乃錯也累世求報於公而公十世

爲僧戒律精嚴不得其便令公受賜過奢名利心起故能害之而迦諾迦尊者以三昧法水洗我我去汝不爲怨矣玄乃掬水洗之痛徹髓絶而復蘇遂愈回顧寺無覩矣玄因卓錫其地述水懺三卷尋二本所傳雖一知玄前身袁盎而其事無一同者第其爲寃報則一耳豈盎陷錯雖深而宅行尚可錯被寃雖慘而餘因爲劣邪因識于後

讀書後　卷六　八

書佛祖統紀後

自景德傳燈錄出而續之者至合爲五燈其統則釋迦世尊而下爲迦葉阿難陀中有馬鳴龍樹以至菩提達磨爲西天二十八祖達磨來本土爲初祖以至慧能爲六祖而衣鉢絶矣六祖之後最顯者二宗曰南嶽讓青原思讓之下爲馬祖道一而道一之後其著復五宗而此統紀則宋僧法槃別立教宗以法華爲經天台爲統

止觀爲門曰三諦所謂中諦者統一切法眞諦者泯一切法俗諦者立一切法爲此一祕之藏不顯葢三惑覆之于是立三觀以破三惑曰空觀者破見思惑證一切智成般若德假觀者破塵沙惑證道種智成解脫德中觀者破無明惑證一切種智成法身德大抵其義竪于龍樹演于南嶽思而備于天台智者自達磨西來之後一洗而空之直截簡易最爲高明之士所傾信

而此說漸屈法槃乃推南嶽思以繼龍樹推天台智者以繼南嶽而自提婆達多以至般若多羅西天之所奕葉而徑略之乃至斥禪那于别傳引遼人焚壇經寶林傳以爲快謂雖異途而不敢不贊者賢首藏師叛去而竊用其義者清涼觀師公爲異同而自立已意者慈恩覬師又謂圭峰密私用其言而專以四禪八定次第之學何用兒戲以侮耆德嗚呼天台非非統也止

觀非非門也醍醐酥酪皆乳也釵釧杯盂皆金也物尚無諍而我何諍爲且夫之燕者懼南其首耳吾北首而或水或陸陸而或騎或步即歲月之小異何患其不至哉近有一妄庸僧尸尚乳臭目不識三昧而輙作披荆鉞以攻賢首皆法槃輩爲之俑也故雖精博如李長者超絶如大慧杲而不敢以爲我師以其有諍心也何况法槃又何况此妄庸僧一幺麽也

書佛祖統載後

元僧華亭智常作佛祖統載其名與統紀同而立例却異自七佛以至二十七祖中國六祖一花五葉爲主而教典正傳淨行神足亾所不該又效涑水通鑑編年之法爲之其用心亦勤矣第有不滿人意者釋迦旣爲始祖且係教主卽當詳其罔明兜率之緣與生時化導之跡不宜太略一誤也末世如觀音化身爲寶誌僧伽彌

勒爲傳士契此文殊普賢爲寒山拾得尚猶記之而此四大士親助世尊行化瑰偉奇絶舍利弗須菩提皆佛大弟子而曾不得與諸高僧並記二誤也我佛未生之前編年何用至于三皇諸紀皆路史稗官之談怪誕不經又與佛典非合而備載之三誤也佛生之後震旦世次沿革志其一二以爲年綱足矣而備載不切之政濫紀無涉之人四誤也志存伐異卽猖狂甚口之

辭必收事取黨同則鄙俚不經之語亦錄一語有助則小人盡爲君子一事相睽則賢者遂成不肖五誤也大槩所熟五燈會元而已而於全藏未爲淹通挂漏不少六誤也僧雛際會恩禮貴富取眩俗目書之有味七誤也須大出子墨一番作用去十之八益十之三然後可稱釋史不愧法門聊志于後以俟異時

第二卷載太古諸君盤古天皇地皇人皇氏五

紀太昊炎帝少昊顓頊帝嚳帝堯帝舜夏商諸代既在七佛之後又非釋迦同時至于三皇以前語出稗官事多荒誕略之可也即如太昊在位僅一百十年女媧在位一百四十年而共工大庭以下凡十五代而通一萬七千七百八十七年則人各得千餘年天子矣豈理哉少昊既云黃帝子而系黃帝復云十八代一千五百年顓頊既云黃帝孫少昊之從子而系少昊復云

十代四百九十年帝嚳既云黃帝曾孫顓頊從子而系顓頊復云八代五百二十年帝堯既云黃帝玄孫帝嚳次子而系帝嚳復云九代二百五十八年何自相矛盾至此也

第三卷世尊降生成佛事當詳而反略其生也曰二月八日其出家也亦曰二月八日又曰十二月八日今天下俱以四月八日浴佛而以臘月八日治粥供佛及施僧則兩二月八日恐未

確

穆王乘八駿游西極孝王時外國進二尺虎四角犀宣王時史籀改大篆平王政出方伯秦始逐諸侯客東巡瑯邪刻石何預佛門事後放此老聃身長四尺六寸額凸眉麤反唇騫鼻髆尖胯聃耳髼頭諸醜狀誰見之復誰紀之葢道家者流妄稱其有八十二種好相擬于世尊故釋氏之徒從而加毀也史記云老子入河沙不知

所終而於紀巳卯年著其甍亦無證夫子獨詳而不敢有所訾者以夫子之徒方馭世故也

始皇癸未沙門室利防十八人來自西域帝惡其異俗以付獄俄有金剛神碎獄門而出之此事殊誕妄不足信

第四卷中郎將蔡愔博士王遵等西訪佛道至大月氏國遇迦葉摩騰竺法蘭二師而迎之歸恐非實錄當是摩騰法蘭自來也

釋道比較梵經事妄是時無道經且所稱大臣皆不合吾前已辨之

第六卷支公養鷹復養馬大違佛戒且晉世高僧皆以老莊得儁聲于本教故自淺

孫興公許玄度于佛有何關而傳之郗嘉賓爲桓氏弱晉者也爾時諸僧雖不過得數百緡便相稱述耳

第七卷肇公爲姚興所殺不知何故諱之不諱

師子慧可無懺玄高而諱肇何也第他傳所謂將頭迎白刃一似斬清風恐亦係傳會是不類肇公語

第八卷謝靈運謀叛棄市於佛何關

僧道不拜王者可也若不拜父母則唯世尊始得

第九卷達磨觀世音大士化身也而誌公亦稱大士化身同時顯化南北人用爲疑是不必疑

千百億身之二人耳

范曄魏收以其能叙述釋氏而無貶辭不知曄之逆亂收之淫鄙去崔浩李德裕何霄壤也

第十卷載文中子事甚詳以其語有西方之聖故也

第十一卷謂唐高祖受禪百官拜舞僧但山呼拱立鄂國公尉遲敬德金吾衛將軍劉文靖奏曰僧未登聖俱是凡夫何乃高揖王侯帝令定

優劣編入朝典按此時尉遲公方在宋金剛部下作賊文靖爲内史令亦無爲金吾衛將軍原州五石青質白文成字祕讖女主武王代有天下於佛何與

奘法師之頴朗善記其什公之儔乎而潔烈勝之於道稍不足者綺語耳

第十二卷黄梅弘忍大師夙生事余于本傳辨之

呂太后武曌之淫亂而能弘佛法豈真能知佛法者卽權教所不棄豈止枉尋直尺得獐失兎而已

阿闍世雖殺父不赦十二時中尚有善念如二雌者善念永絶必墮無間

嵩嶽珪與嶽神論話信是雄爽然尚非極則語

第十三卷法秀施袈裟迴向寺領玉簫進玄宗事既詭誕而末復及淫褻語殊乖本色

元魯山雖不爲僧服及作僧語而有僧行附紀之可也

安禄山陷長安玄宗入蜀而守臣有與禄山偕反者其人嘗爲閬守有畫像在路次玄宗見之大怒以劒斬像首其人在陜西首無故忽墜正史稗史皆不載最爲誕妄可笑大慧杲引之以證禪悟而智常復載之何也

第十四卷觀軍容使魚朝恩于帝前謂慧忠曰

朝恩亦解些子佛法卽問忠何者是無明明從何而起忠曰佛法衰相今現帝曰何也忠曰奴也解問佛法豈非衰相現朝恩失色大怒忠曰卽此是無明無明從此起其語與大通答于頔惡風吹入羅刹鬼國一機軸然于能心折而魚更起忿端于差勝耳魚與忠復有問對語太峻險且無大意味渠方威振人主恐忠未便作此劇折或其徒有粉餙耳

第十五卷清涼國師澄觀代宗大曆元年戊申奉詔入内勅譯華嚴德宗貞元十二年丙子命河東節度使李詵迎澄觀入京同罽賓三藏般若譯烏茶國所進華嚴蓋再譯也十五年進號鎮國大師加天下大僧錄至開成三年戊午始示寂俗臘百有二可謂宿德矣清涼得法於南陽忠徑一山欽爲人主所尊禮然不聞忠國師之推轂江西一石頭遷而清涼之推轂百丈大

珠南泉西堂藥山歸宗故當别有意也
第十六卷大顛折韓昌黎書係僧雛僞撰吾前
已辨之
柳子厚少年急功名不自檢猶無害晚途遠宦
邑鬱侘傺至死而爲神以恐喝求祀望阿脩羅
趣且不可得豈可以其作綺語贊僧媚佛而諄
諄録之也
智常有論謂周武廢教時沙門犯顔抗爭殆數

十人及唐高議沙汰而惠乘玄琬智實法林等
皇皇論爭引義慷慨亦見法門有人大曆而後
祖道既興吾門雄傑盡趣禪林至武宗議廢教
而稍能持者僅知玄一人而已雖上意不可解
大數不可逃而變故之際無一辭可紀亦吾徒
失學之故也尋智常此語太麤生然亦未宜盡
廢宋宣和世亦然
自十七卷以後唐時宗門伎倆幾窮賴趙州臨

濟別作提掇警策一番五季而後法席愈盛作者林立茅覺諸大德徃徃自學問中融脫得來雖辨才無礙天藻秀發而能踏江西頂透曹谿髓上者吾未之多見也

了元雖詩僧尚有蔥嶺氣息洪覺範則一削髮苦吟措大耳

陳隋之際焚身有崖菩薩者其人甚奇事甚偉而此不之載

政和帝旣詘釋教于宣德門觀燈爲一龐眉行童指斥殆無可對隨而杜口雖炮烙刀碪雜下竟不得其一聲鐵圍山叢談夷堅志皆詳之而此亦不載

張無垢九成居士中龍象也與妙喜若一人而今絶不之齒豈有所不足邪

張無盡求臺諫要得呵佛罵祖與司馬二呂諸賢放對正是擬作無佛論時識見也後作護法

論便與蔡元長别乃知佛力不可思議耳晩歲翛然事外未必無得吾鄕者疑之過是不見屠兒廣額邪

又云朱仲晦少年不樂讀時文因憶一尊宿説禪直指本心昭昭靈靈一着十八歲請舉時從劉屏山屏山意其必留心舉業暨搜其篋只大慧語錄一帙則是言也禪者諛大慧而借朱先生爲重之言也朱先生生平無書不讀所坐正

于鑽故紙無出頭處果爾豈所謂晚來未必了了者邪

宇文虛中爲宋使金至翰林承旨久之以忌者搆其欲結南客殺虜酋舉族燒死今云壽百八歲無疾跏趺援筆朗吟而徃豈實錄也其詩所謂英名留付世人傳當是被戮時絕筆語耳於釋門何與

所載李屏山鳴道集其掊擊閩洛時有得有失

而序之者湛然居士移刺楚材也移刺卽耶律遼姓之訛音吾鄕者甚嘉楚材之功而疑其用處有佛圖澄僧稠意今果然卽將爲釋子後身也

劉元城曰孔佛之言相爲終始孔言毋意毋必毋固毋我佛言無我無人無衆生無壽者其次第若出一人第孔以三綱五常爲道故色色空空之說微開其端又云所謂禪一字六經中亦

有此理達磨西來禪話大行佛法弊矣若渠不
來佛法之滅久矣其之南遷雖平日於吾儒及
老先生出處得力然亦不可謂於此事不得力
吾常謂元城在元祐黨最爲傑然投荒萬里垂
暮年而節不挫膚色不少變怪其定力之所自
今了不諱賢于諸賢多矣然坐此不得收理學
籍噉孔廟豘彎老先生者涑水公也涑水心行
幾希閔子卜夏然于死生處恐不如元城了了

帝師發思八史云八思巴又曰八馬皆誤也其制詞稱名班彌怛拔思發其文始全而賜號曰皇天之下一人之上闡教宣文輔治大聖至德普覺眞智祐國如意大寶法王西天佛子大元帝師葢自有釋氏以來其光顯尊重未有過焉者也心印不如達磨神足不如圖澄開敏不如羅什記臆不如一行不過小持法呪唄而已而猥被世祖之寵秉華夷釋教之權不亦幸哉

薛禪帝一商胡也雖不通經典而亦有闇合處大約胡人入主中國得佛教雖不能止貪而亦少可止殺阿闍不可無世尊阿育不可無麴多若瑠璃若太武則末如之何也巳

讀書後　卷六

書弘明二集後

弘明集者梁釋彦悰述廣弘明集者唐釋道宣述也大要與黄冠諍角以掊擊拒闢爲功姑取其衛教而已而不計其辭之憒與夸也悰公所述多東晉宋齊人語既不能暢其筆扎而於所覽西竺文言亦淺鮮口若吐而吃指若舒而掣者蓋理爲辭窒辭爲理困攻固非輸守亦非壘如是而已若宣公述則緇衣諸賢承梁武弘法

之後其書盡出而脩辭亦漸暢茀姍詈誕慢不特彼教之所不堪承而我古先生亦爲之噦嘔矣其佳者不能勝陳琳之檄張湯之案而拙者則一村社鬨訐耳彼黃冠又其下者無一息猶龍公泒何足與辨也尋宣此述與續高僧傳可謂篤信好學不可謂之知道也其志于釋門立功名其事則史其文則藻於吾儒葢鄭康成范甯之倫不可與望濂洛關閩也余因妄有所評

若達磨而下諸祖其造類孟子智顗類朱子而皆勝之永明壽業可與朱子埒而大勝之大慧杲性質類程叔子學類陸子靜而微有低昂此語出兩家故當皆不喜然自有識者

讀書後　卷六　五

弇州山人讀書後

琅琊王世貞元美撰　姪士騄校正

華亭陳繼儒仲醇定　長洲許恭訂

書黄庭内景經後

黄庭内景經者乃太上道君於蕋珠宫作七言詠歌以發修身繕性之要生人一身歸宿皆在泥丸而作用皆在心三庭三田之内有餘地焉眞人在巳莫問鄰一語若預知後之有取於西

鄰者爲拈破之即飛升度世資之有餘裕矣此經自景林王眞人傳之南嶽魏夫人凡仙經四十餘卷而此爲首南眞遷化後幾三十年而後傳之東華楊司命而此復爲首司命以後隸傳護軍長史許思玄少子上計掾道翔道翔之子黄民避亂入剡併諸經寄東闡馬朗家晉安守孔默罷郡還聞而以重幣勤禮懇之黄民而始得傳寫孔不及奉誦而其子熙先綜先才而狂

謂經語誦之萬徧即得仙以爲妖妄備酒悉取
燔之後誘其舅范詹事曅反族滅而繕寫人王
興私各錄一本自隨渡錢塘漂沒僅内景存乃
深信萬徧之説甫誦而火燬其廬再誦之露臺
而甫漬其衾遂氣結貿瞀日死深山中而經卷
之在二氏者絶矣王靈期造黄民而懇得之輒
加損益傳以麗藻遂盛行於世而黄民歸錢塘
乃留眞經一厨付馬朗後荏苒不復能取而卒

馬氏寶奉之其人皆壽考大富三世移事佛而經稍散佚其後正本録本雜寓於陸靜修孔璪杜京産顧歡鍾法師婁居士諸公所陶隱居百方購得之陶有神鑒獨能辨楊君及二許眞蹟而内外景悉備闕之茅山今道藏所存本是也此與右軍固無與不知何緣宋思陵有臨本攷之宣和書譜不載恐所得右軍内景經亦贋本耳載攷此經一名太上琴心文一名太上金書

一名東華玉篇孔熙先兄弟以爲讀萬徧輒得仙而笑之不知授者非凡師乃仙師也受者非凡骨乃仙骨而又慈惠忠信躭注玄眞者也受而齋九日用玄雲之錦九十尺金闕鳳文之羅四十尺金紐九雙以謝師沐浴居僻室九十日而誦萬徧一日當得百十餘遍亦不易易也今此經托之梓徧天下而耳目之授者何師而受者何人也即十萬徧奚益矣余自承本師曇陽

子誨時時默諷亦已成誦文仲子休承許爲余作小楷奉持之一月而休承目眵手戰不能終諾乃改以乞周公瑕公瑕月受役碑板間乃能舍而爲余結此段方外緣亦佳事也

書道德經後

周公瑕往年爲余書老子道德經五千言亡何而失之歲庚辰公瑕歸自㳺中念且老從我索一傳客或謂公瑕迫得傳而余恨失經以從吏公瑕續書之昔人所謂焕若神明頓還舊觀者殆不偶哉既裝成褒而志其後按太史公傳老子謂楚苦縣厲鄉曲仁里人也姓李氏名耳字伯陽周守藏室史也居周之衰迺遂去至關關

令尹喜曰子將隱矣强爲我著書於是老子迺著書上下篇言道德之意五千言而去莫知其所終又云老子百六十餘歲或言二百餘歲以其修道養壽也又云老子之子名宗宗爲魏將封於段干宗之後假仕於漢孝文帝而假之子解爲膠西王太傅其本末甚明然自太史公言道家使人精神專一動合無形贍足萬物儒者博而寡要勞而寡功道家宗老子而儒者宗吾

孔子孔子之教蓋萬世人王取則焉而其徒不明兩家之始所合遂抑絀老子以爲異端而老子之徒其庸鄙詭誕者覩西來之跡宏奇高大炫燿一世遂不暇與吾儒辨而更竊漬其餘瀋以求與之角而並傳蓋豔釋迦之稱累劫則謂在伏羲爲鬱華子在祝融爲廣壽子在神農爲大成子在軒轅爲廣成子在少昊爲隨應子在顓頊爲赤精子在帝嚳爲録圖子在堯爲務成

子在舜爲尹壽子在禹爲眞行子在湯爲錫則子在周始爲老子夫軒轅之世廣成居崆峒千七百年而其後猶未巳也遠者姑亡論巳前是而爲廣壽爲大成後是而爲隨應爲赤精又何人耶且堯舜禹非異代也一時而爲三子何遷逝之速也三代以還賢公卿非乏紀也又何爲而不一及也乃至謂老子生於商爲周文王守藏史曰變邑子武王時遷柱下史成王時守故

官爲經成子遂西游流沙康王時復歸曰郭叔子昭王時復西邁云云蓋又傳會化胡經之説也奇釋迦之有三十二相及七十二好相則亦曰七十二相八十好相也偉釋迦之長丈六尺則亦曰丈二尺也不知孔子九尺六寸人以爲長人而異之若丈二尺而人不恠且駭者未之有也且史何以不載也夫老子至聖也其化而爲太上靈眞至尊也又奚必借西方之事而矯

飾之然至儒者之所抑絀而指爲異端者又可笑也老子往往皆格言其體至虛而不無其用至大而能泯其跡精以治躬粗以治天下取之固逢原矣大道廢有仁義知慧出有大僞六親不和有孝慈國家昏亂有忠臣知言哉君子之於世甚無樂乎其名也仁義也孝辭也忠臣也其名不得已而有之故曰絕仁棄義民復孝慈絕者絕其名復者復其實也將欲噏之必固張

之將欲弱之必固强之將欲廢之必固興之將欲奪之必固與之謂倚伏貞勝造物若誘人而使之盈蓋使理國繕身者於張强興與之際懔然而思警也非以導人巧也夫不得老子之所以立言不解其文義而妄爲之闢荀卿氏所謂賤儒也世貞一言而當獲譴於今之爲二家者然使吾老子孔子而在以爲譴哉不以爲譴哉

讀書後　卷十

書莊子要語後

莊子亦人中天也其位業所受則天中人也其言有倐然而出世外者則亦人中天也出而不能藎不獲如大雄氏者則又天中人也爲言幾數十萬今吾采之而周生爲録之者十不能一耳然皆粹乎瑩然若穀之得蘗酥乳之得醍醅而砂礦之得燭銀也自莊子之言出而後世之修辭者獵其奇務識者資其博拘方者疑其誕

而守經者病其詭彼皆有以來之雖然彼固有以來之於彼無與也吾采之吾以自爲而已於四者亦無與也

書關尹子要語後

昔關尹子望紫氣一縷於函谷之東而知猶龍公之至今不佞讀關尹子一句而知其非關尹子書雖然是後世識玄理曉養生苦思振奇者之所撰其言非以托關尹子也何以故能識玄理曉養生苦思振奇者必不以關尹子重以關尹子重者其人必剽黄老莊列之卮緒而爲之屈於旨伸於辭恒也今此所屈者辭也所伸者

旨也故曰非以托關尹子也乃王生爲余書者則奇已甚矣思愈苦矣夫亦可以已矣夫

書天隱子後

天隱子一書司馬子微述謂傳之天隱子疑即子微所自著也注叅同者見以爲淺近思悟真者見以爲局小而亦自有理至謂胞胎有形巳呼吸精血豈可去食而求長生則所謂見其一未見其二者子微之術不過却病延年而巳夫道苟不得病何必卻而年又何必延也其謂坐忘者因存想而得因存想而忘語故精

讀書後　卷十

十

書化書後

化書者觀化也凡自有而忽無自無而忽有皆化也其自有而漸無自無而漸有者亦化也以我推物以物推物物以物物推天地皆自有無之際得之而葆身理天下之道寓焉其旨遠其辭文其言約而中是故識者曰此非齊丘之所著而真人譚峭景升之所著也景升書成而授齊丘使行之齊丘匿而以已名焉或曰齊丘既

得書忌景升而殺之或曰醉而以皮囊之沈之水爲道家者曰景升羽化者也齊丘不得而殺也宋人之傳奇至云有魚而得一皮囊藻荇封之若駝鳥卵啓而得一人齁齁熟眠醒而問漁者曰化書行乎曰行矣吾在此甚樂幸復爲我縫而置諸水此傳會也夫漁者何以知化書之行夫漁者得人而復置之水寧有是理哉是書也吾以爲齊丘必竄入其自著十之一二而後

掩爲已有如五常一章忽云運帝王之籌策代天地之權衡則仲尼其人是也彼蓋所以名齊丘意也若景升必不推仲尼亦不必附於儒者又齊丘於覯化之際輒自稱小人所謂不考而招者一笑一笑

書元始上眞衆仙記後

此記別標爲葛洪枕中書而序辭稱於羅浮山夜半靜齋忽降一眞人授書謂二儀未分溟涬鴻濛狀若雞子有盤古眞人自稱元始天王游於其中凡六劫而忽生太元玉女相與通氣結精還居玉京山宮殿凡一劫而一施太元母生天皇十三頭治三萬六千歲其後天皇生地皇地皇生人皇太元母又生扶桑大帝東皇公號

元陽父九光玄女號太真西王母太上眞人元始天王弟子也金闕老子太上弟子也其職如世之有司徒承相耳它靈眞銜名往往與位業圖相出入至所稱張衡楊雲爲北方鬼帝治羅浮山嵇康爲中央鬼帝治抱犢山伯夷叔齊爲九天僕射周公旦爲北帝師屈原爲海伯王弼爲北海監皆眞誥所不載却又有大可笑者洪化去在晉惠中而許暎許穆許玉斧郭景純皆

生南渡以後與洪不相及又云二許爲眞人未有掌領又似未見眞誥全文者夫好夸飾而不核古以是作僞書久而始逗露一何幸也道藏若此類多不可盡摘摘其尤著者

書許眞君石函記後

石函記上下卷按此函既爲許眞君所載而中所構撰皆不類晉人語蓋自張紫陽而後陳泥丸白紫淸繼之俱以無礙之辨才發性命之宗旨一時門弟子模倣爲之末宗骫髀之氣可掬乃至所爲醉思仙歌亦托之眞君大還丹歌則托之吳猛鉛汞歌托之嚴君平龍虎歌托之陰長生破迷正道還丹歌托之鍾離雲房敲爻搖

頭坏贈別方處士題王先生菴門贈喬二郎鄂渚二道谷神直指大丹諸歌托之呂洞賓還丹破迷至眞三歌托之劉海蟾鄙俚冗沓不能脫沿街鼓簡氣如出一口不知長生之四言何其古雅得正始之音而海蟾五言古風鍾呂近體清逸秀勁何嘗不渢渢唐氏本色耶此必陳上陽之流爲之飾畫無鹽唐突西子良可恨也若其中有一二精至語不妨作摩天偈例取之

書坐忘論後

楊用脩謂司馬子微坐忘論爲坐馳誤也殆見其名未熟其語耳子微所謂執心住空還是有所既不合理又反成病若心起皆滅不簡是非則永斷覺知入於盲空若任心所起一無所制則與凡夫元來不別若唯斷善惡心無指歸肆意浮游待自定者徒自悞耳若徧行諸事言心無所染者於言甚善於行極非此皆從方寸中

鍛鍊一番過來故於受病處極懇至乃爾其治心之法則曰息亂而不滅照守靜而不著空行之有常自得眞見又云疑則任思悟巳則巳必其有思思則以智害恬爲　傷本若煩邪亂想隨覺則除毀譽善惡皆即撥去莫將心受心不受外名曰虛心心不逐外名曰安心心安而虛道自來居如此下語即吾夫子之毋意毋必毋固毋我何以異也去曹溪黃蘗亦自不遠以此

言忘何云坐馳吾故曰用修似未熟其語也

書三茅眞君傳後

關中王令賜紱自白光祿啓常所來携光祿手刻三茅眞君仙傳伏讀之即眞仙通鑑所傳而頗加詳者也眞君化跡顯在名山紀之眞誥與南眞石函並炳烺耳目夫復何疑所恨玄門操觚之士不通史學猥加藻飾以召瑕攻竟成蛇足耳不佞請得而畧言之夫所謂百十二字寶號者受之天乎受之人乎受之天不過眞誥所

稱而已受之人不過唐宋以後所封而已不應
煩雜至此且襲北極文昌之訛漏也秦時封徹
侯至少不過蜀應文信及始皇時王賁王離趙
亥趙成馮毋擇而已以李斯爲承相尚不得侯
而何以有長平侯偃廣信侯熹也戰國有號無
謚始皇不立謚何以又有長平恭侯也定錄仲
君以景帝戊戌生至武帝元朔元年舉賢良拜
五官中郎正按元年爲癸丑仲君僅十五耳是

歲雖下郡國舉孝廉不聞舉賢良也西漢官無所謂五官中郎其以上書拜郎中者主父偃三人耳不聞拜中郎也征和二年轉太子太傳按是歲爲癸丑戾太子反若在前則與少傳石德及宫臣皆從誅在後則不立太子設太傳也元鳳元年拜破胡校尉武威太守是歲爲辛丑時不設破胡校尉官保命季君以庚子生武帝建元三年舉方正不就按是歲爲癸卯君僅四歲

耳又云游梁國爲孝王上賓時孝王薨十餘年
矣宣帝地節二年自洛陽令轉西城校尉是歲
爲甲寅君年巳七十五然是時亦無西城校尉
官也元帝即位仲君拜執金吾季君拜五更大
夫轉西河太守按是歲爲初元元年癸酉仲君
年九十五季君亦九十三不應上之官籍令九
卿二千石有此壽俊人主必當旌異史必爲立
傳亦不應寂寂乃爾且九卿年表執金吾爲馮

奉世無所謂仲君也亦不設一五更大夫官大抵事玄者不當以其飾而恣爲談守儒者不必惡其飾而遂生謭取理而節可也長夏無事偶書於後以示王令倘可遺光禄小删之何如

書桓眞人昇仙記後

吾於丁卯秋中避跡弘法寺抽道藏翔字函小帙曰桓眞人昇仙記吾甚愛之因手書一通葢謂記内所稱西蜀華葢山李桓仙君授覿金丹大藥與飛步隱身諸訣既成而誨之俾從陶隱居爲門弟子披髮跣足執鋤爲圃十二年吾嘗舉之上帝詔昇雲天且謂陶有三是有四非所四非者其一註藥餌方書殺禽魚蟲獸救治病

其二好算星度窮究天機潛厭鬼神言人休咎其三種植花木耕鋤山林伐木匠屋自恃聲勢親近朝廷其四望想太重便希昇仙創待仙樓造降真館又謂陶雕琢文詞勞神典籍窮究經旨好述異事且求真不一潛神二門言菩提行修西天記作往生文道釋並修則上帝未見用也凱如言而往果如期上升四非之說故余所甚契及後稍暇讀其全文而鄙之以其沓拖猥

雜殊無六朝風氣而徧考諸藏有高道傳云桓法闓字法舒不知何許人事隱居華陽館十餘年一日有二青童白鶴自空而下隱居輿然謂已當之童曰太上所命桓先生也隱居詰門人無桓姓推執役者得法闓詰之曰常行默朝之道親朝上帝已九年矣隱居更欲師之法闓辭不許乃懇曰某於求道勤矣而尚淹世者非有過耶幸爲訪之法闓駕白鶴而昇三日密降隱

居室謂先生陰功著矣而所脩本草以蝱蟲水
蛭之類爲藥利在人害在物以此小淹一紀乃
解形當投蓬萊都水監此傳乃道士賈善翔撰
進成都李汝成駁之以隱居玄門董狐豈有異
人居門下而不識者又得隱居墨跡南平王所
造清隱館即弟子桓法闓所居邵陵王又有隱
居化後法闓猶存無先期上升之說而法闓受
法高第其非執役固明甚也據賈高撰傳謂都

水監之說爲門弟子女眞錢所預告者又攷隱居所著眞誥記則周太玄從定録趙丞得之南眞夫人者都不言法闓也若此上升記絕似唐末宋初人所作其前載李桓命桓闓師隱居語尤誕妄且是時隱居尚存何得稱貞白先生蓋不知貞白爲化後所賜謚也造僞書者賴有逗漏不爾令人頭眩

讀書

弇州山人讀書後

琅琊王世貞元美撰　姪士騄校正

華亭陳繼儒仲醇定　長洲许恭訂

書張道陵傳後

天師一傳蓋因世譜而作其牽合傳會不可言請得而條辨之其云和帝即位聞其有道以三品印綬徵是時漢未有三品也徵爲太傅封冀縣侯此又因卓茂事而傳之者也太傅位三公

上大邑通侯豈平世而遽及草野且此豈細事
而史册之不載也神符所受能執筆一遥畫而
千萬鬼衆俱死又能使之活則一時西川之厲
太上固頤指靖之而有餘又何必縱之爲害至
極而假手天師制之也陽都之人多深山窮谷
王法所不及施故天師以便宜攝之彼地即生
齒亦不過數萬耳何以有三萬六千種外道也
夫一畫而能殺鬼太上實授之而又責其過當

殺氣穢空者又何也張魯以漢中降魏封侯善終史傳甚明而云不受封爵白日昇天且曹子建著論稱其時道術之士甚詳而不及魯曾子衛隗俱無所謂奇術者而況上昇也且豈有子女十餘輩累代昇天而無一紀者自晉世而昭成而椒而仲回而迥而符而子祥而逼而仲常而光而順而士元而修而諶而秉一而善而季文而正隨而乾其壽高者皆百歲小亦不下九

十何至乾曜召見之後子孫之壽皆與常人等
蓋前代系數不明而又少少則不得不以壽彌
縫不明則可以影響故也大要與鎭南而後其
印劍符籙雖存而未必一一修持其修持者未
必一一皆驗至宋眞宗之世頗好其事以故稍
稍出而應之然亦無可以聳動者至宣政而虛
靜先生繼先出其倜儻變幻君臣各相競爲文
彩而其後人因之有世譜耶眞誥雖時時稱天

師第呼之曰陵耳亦不甚重之

讀書後　卷六　三

書玄風慶會録後

長春丘眞人見太祖於西域雪山之陽所面告者幾三千言畧叙師傳之旨戒以太怒則傷身太喜則傷神太思慮則傷氣而惓惓以節色慾爲首旁及保國愛民用賢薄賦之事虜性貪淫好殺疑其枘鑿而太祖乃歎賞不巳呼爲神仙錫以便宜金虎符領天下道教夫以佛圖澄之神奇能海鷗石勒然亦危者數四而勒亦不能

用其言長春何以得此於元祖耶一説長春能呪缾水生金蓮花元祖是以信之攷譜傳俱不載錄者曰移剌楚材疑移剌或耶律訛也其官稱侍臣昭武大將軍尚書禮部侍郎元至至元後始有侍郎亦不屬尚書省此恐誤

其二

後考湛然居士西征記頗稱長春之短湛然即楚材別號也此移剌者當別是一楚材

其三

丘長春道門之法嗣也其學實得之禪以片言悟蒙古太祖俾總領其敎而其徒不能盡賢往往侵占寺刹以爲宮觀或改塑三敎像以老子居中孔子居左釋迦居右或皆侍立後四傳而至所謂蒙哥皇帝用少林僧裕奏辨審得道士李志常等義墮焚化胡等經斥道士爲僧者十七人還佛寺三十七所又至薛禪皇帝再焚諸

道經復僧寺二百三十七所塑像悉令改正而
道教屈矣昔寇天師謙之以符籙法佐拓拔世
祖世祖因而盡廢釋氏僇僧人寇悔而欲諫之
則無及矣嗚呼其師爲醫弟子蓄毒以殺人師
亦烏得無罪哉

書眞仙通鑑後

麻姑壇祠記顔魯公所撰而趙道一倚之撰蔡經傳第其中所云麻姑再拜但不相見忽以五百餘年又說接待以來已見東海三爲桑田及姑取米擲地變爲丹砂方平笑曰姑故作少年戲也吾老矣不復喜作此狡獪變化然則方平之得道當在盤古氏以前而及其作方平傳云東漢之東海人舉孝廉除郎中稍加至中散大

夫孝桓帝時主太尉陳耽家三十餘年尸解而去則方平之再過蔡經家百餘年事耳度其終始不過二百歲許人而何以老於麻姑又云滄海三變爲桑田也豈方平間於東漢時一出耶或别有一方平耶或過蔡經家事有之而傳方平者耳傳其名姓而不嘗見其文耶前傳言鎮青城山尤仙寶室天而後云鎮崑崙亦自相牴牾

車子侯扶風人漢武帝愛其清靜稍遷其位至侍中一朝語家云我今補仙官武帝思之爲作歌云云按此即奉車子侯也奉車子侯霍去病之子也帝使從封禪太山一夕而死帝思而歌之又語其家道士皆言子侯得仙不足悲桓氏新論則帝出聖才有朕兆子侯則沒印故畏惡殺之今因其語似爲仙去又不識去病子而謂之車子侯尤可笑也

太極眞人杜冲以周昭王二十七年聞文始尹先生登眞乃靈宅棲玄學道康王特賜金百鎰完葺本第賜號曰樓觀聞老子在周爲藏史孔子猶及聞禮後始西度函谷尹先生挽之爲草五千言今云昭王十七年尹先生得道一誤也康王者昭王之祖也今云賜金百鎰完葺本第二誤也恐係傳會不可信又云周穆王好尚黄老崇建靈壇立廟置老君及尹眞人像尤可笑

彼謂穆王時有老君觀耶又杜冲真以昭王二十七年始學道道成而宗年二十受業焉年一百五十餘歲至厲王十三年而上昇彼謂昭王去厲王時有百七八十歲耶楚康王事尤誕王翦滅楚已虜其王負芻矣何得復有康王

周義山傳是一博暢才人文字然歷引所見諸仙真皆傳記紀載無一創聞至所謂黄老無英白元君則又黄庭經傳世以後語今云是漢宣

元時人得道恐未可信費長房以失符爲鬼所殺華佗以慾期爲曹瞞所誅此方術人也而列之仙可乎長房之得符自壺公見范曄漢書甚詳丹臺録云壺公姓謝名元一恐附會語劉寛不聞其有仙道特眞誥載之

路大安傳尤爲不經據大安以順帝漢安元年壬午生至惠帝永康二年辛酉當爲壽一百八十年矣而是時王戎僅七十耳乃謂大安爲甥

而戎爲舅其𠉀莽一至此且惠帝永康元年四月趙王倫反自爲相國明年正月廢帝於金墉城四月反正改元永寧是永康無二年也惠帝不辨菽麥人也一年之内見廢於趙王倫復辟之後齊王冏專政帝食息不自制而何以能召大安驅禳厲疫所謂上眞授記年與名同可以冲天遂以大安元年白日上昇然年號實太安非大安也此類殊不一聊辨而志之

據眞誥陶隱居所紀許黄民原無得道不當列之仙傳也胡長仙事甚奇幻俶儻第在中宗武后朝當遠出葉靜能張果上而史於方術不載又太平廣記搜剔不遺餘力於葉法善羅公遠輩紀載甚詳而獨不及長仙何也得非有所增飾耶

許眞君除殄妖蛟及拔宅飛昇事神奇俶儻足以竦動凡俗照耀一世今遺跡尚存讖記都在

獨晉史搜羅神惟不減虞初旁及義雲而乃遺敬之一不可曉也郭景純之抗王處仲於行刑人及鵲巢樹亦載之而顧絶眞君化鴿之跡二不可曉也眞君所居既非深僻壽至百三十六歲白日冲舉家屬門故何止百人而有司都不舉聞三不可曉也眞誥揚許所載晉室諸賢迨盡豈有長史係眞君從弟而了不之齒四不可曉也陶隱居徧訪仙跡若渴若狂而於眞君事

獨杳然五不可曉也今者龍沙高過豫章城地仙之事當有驗者而先師曇陽子詩所謂五陵教主世多不能悉而注真君傳者以東門之鎮爲宛陵南門之鎮爲浩陵西門之鎮爲鵲陵以陵北門之鎮爲涪陵中門之鎮爲泰實其分野大遠而名亦創新未知其是否

王子年能預知符堅南伐之必敗而不能守能預知姚萇之子無畧得符登而不能知身之見殺於萇手此大謬也豈釋氏所謂還債邪將無

以述讖緯談休咎爲眞宰所罪耶正史不言兵解恐傳者增飾之其所著拾遺記十卷蓋不待罪而知其詭於道也

項曼都者誕士也與昔所傳古强蔡京之流相表裏其曰斥仙人者人而指目之耳而以爲眞仙何無識也徐啓玄爲王大夫治女金英事惟甚不可言而又涉無謂得非啓玄者欲竊其女故爲障眼隱形之術譸張以攝之耶

蕭子雲據南史以侯景之亂避地而卒今云還蕭山再徙居清虛館遇神人降言館之東北有都水坑水自東注可以徙居蕭又徙家寓焉歷二紀餘一旦上帝賜玉册封元洲長史仍司郁木福庭之籍神仙之府八十二口同隱世不復見吾不敢以爲的然夫子雲名卿大夫也清虛館在蕭山之近隅非若地肺桃源之深阻也其家八十二口又非一人也何以居二紀而不致

人主之傍求族黨之踪跡其卒之地與歲史無異書者何也且書家者流必舉子雲以爲口實寧有遷化之奇彰彰如是而一不之及意或羽客之棲止清虛者會張杜曇永之仙跡而牽引子雲以爲重耳

吳道子畫蹟雖神奇然是一工師耳正史野史載其出處甚詳且明未有以爲仙者而今云得神仙術周游人間玄宗聞而詔入宮庭有粉墻

數尋俾畫山水道子請用墨漿一缶潑於壁以幕覆之俄頃請上臨視山水林木人煙鳥獸無不備具而且精妙道子徐步指點巖下一小洞叩之忽開一童子在側道子奏曰此洞有佳致臣請入爲陛下先遂躍而入俄頃門閉守城卒曰道子出矣上再往視所畫處乃瑩壁無復山水何齊東野人誕謾無稽一至此也是不知吳道子之供奉明皇最久畫蹟滿宮禁及長安寺

字也可鄙可笑一至此

許栖巖事不可知而所稱對太乙元君引黃庭老莊三語云但思一部壽無窮眞人之息以踵其精甚眞却似有解悟後令道士筭勞太華何神立海橋何鬼又是寱語大約此文唐人傳奇如嵩岳嫁女南溟夫人之類

劉忠州晏所遇王十八事見太平廣記其文典其事亦覈但以所好如此所遇復如此而位宰

相領鹽鐵不思轉首而取寵僇利令智昏其斯之謂歟

嵇叔夜傳謂舜聽佞臣言而殺伶倫八人又云晉文帝令康北面受詔教宮人康不肯從帝殺康於市又一齊東野人矣

司空在南北朝爲三公齊明帝之世寧有司空張岊耶東昏嗣位日尋殺僇豈有容司空解官令百僚餞送事耶大抵多宋巖時緣飾以乞恩

澤者種種皆此類也

玄真子隱淪之無累者也幾於道矣然所謂鍊席水上安坐飲酒來往若飛與顏魯公作別揮手上升則正史稗官與吳興掌故俱無之可謂畫蛇之足矣

張果宇宙初闢白蝙蝠精也葉法善既以太極紫微左仙卿謫降其格高果遠甚何以一泄果宿因遽殞絕耶

明皇月夜事一於西凉州觀燈兩游月宮而其所奉引之人曰葉法善曰羅公遠曰申元之葢一事一人而所傳聞異辭耳然恐亦誣罔不足信也申元之張雲容事別有傳奇甚詳

鄭遨跡極奇然是隱逸之有至趣者也非仙也歐陽子五代史何以遺之

譚紫霄在五代時已識得莊列之旨與釋氏合豈不開士哉辭榮謝施百五十而恬然以解賢

於杜光庭遠矣

黄損仕南漢時爲尚書僕射忽遁去三十二歲而歸題詩竟去亦奇矣然此詩所云惟有門前鑑湖水春風不改舊時波凡四句皆見賀季真恐好事者妄傳之耳

崔偉事誕幻不足信灰袋道士張口如箕五臟悉露見西陽雜俎然已於舒虚寂傳見之而又皆翟天師乾祐弟子疑必有一誤

李昇傳與元白飲有絶句所謂誰能無路趣名利臣事玉皇歸上清者鍾離雲房傳亦有之謂爲呂先生作當以昇傳爲是

純陽傳不當入邯鄲盧生事邯鄲呂翁開元中所遇也純陽尚未生

賀員外傳謂有喬仝者少得大風疾去家自棄荒山遇水部教之啗松脂年八十上下水如飛數從水部東游過濰縣元祐初來見蘇子瞻曰

吾師嘗游密州識君於常山道中意若喜君者子瞻留之不可又曰吾師以上元期我於蒙山矣子瞻作詩送仝并以絶句五解寄水部自是世無有見者攷子瞻集有之詩甚佳子由亦有贈然其時有識者云仝妄人也元無識賀員外得詩竟去誇於人遂絶不見子瞻

陶隱居孫思邈陳圖南三先生皆不能斷九重還徃覺陶公微涉有意余素好博綜負才鬼之

慕則陶公我師晚來殊厭射欲從孫先生乞數
丸藥救道上貧子歸借希夷一枕傳五龍睡法
耳

水丘子語不多而煞有至理當是得道者

王筌傳始遇一婦人乳長於臍曰我蕭三娘也
按西京雜記婦人乳垂三尺者北斗中第七星
東方朔知之

張拱傳載道士語曰神仙以辟穀爲下然却粒

則無滓濁無滓濁則不漏由此亦可入道子房諸人乃以丹藥療饑固已迂矣汝欲得此道自此不淫色可也灼然之事吾所服膺

余讀宋史林靈素傳怪其誕幻甚口而無它奇術今覽此傳則又甚矣中間有與史不合者故記之傳言靈素本名靈蘁靈素者宣和所賜名也其所稱以術召致劉后事比之少君致李夫人尤怪偉史云靈素謂蔡京爲左元仙伯王黼

爲褚慧而今云蔡京乃北都六洞魔王第二洞大鬼頭童貫則飛天大鬼母勸帝誅之又云與張虛靜侍帝晏游禁中見元祐姦黨碑因與虛靜各俛首致敬上詰云蘇黃不作文章客童蔡翻爲社稷臣三十年來無定論不知姦黨是何人帝翌日以示蔡京京皇恐乞出而巳靈蘁居通眞宮密室人所不能入京探知其有黃龍帳金龍牀朱紅几案以爲僭妄而疏論之上即與

京掩入其室則明窓淨几別無一物京乃伏罪而至云即時致西王母降於其室則又誕也史言大水犯都城靈素竭其術不能退而傳云水自太子致但請太子拜之當自退其後復上疏云臣初奉上帝命爲陛下去陰魔斷妖異祟大道贊忠賢令蔡京鬼魁童貫國賊任以重權付之兵衛國事不修奢華太甚切忌丙午丁未兵馬長驅腥血萬里兩宮天眷不能保守因乞骸

骨歸鄉降詔不允至冬全臺攻之靈素即日封
閉賜物携一童子步出國門帝賜宮於温州居
之明年八月朔携奏數托温守上於朝授弟子
張如晦偈而化去先於郭外相墓令於穴下更
開深五尺見龜蛇即下棺見五色氣　候蓋土
即走至百步外俄而山崩石裂不知所在帝聞
而震悼賜文而祭之其官曰高上神霄玉清府
右極西臺仙卿雷霆玉樞元明普化天師洞明

文逸契元應真傳道輔教宗師金門羽客冲和殿侍宸行特進太宰同中書門下平章事上柱國魯郡開國公食邑八千七百戸實封三千戸賜紫玉方符通真達靈元妙護國先生云至淵聖即位索取元賜七寶珠尋墓所不可得復有雷電蛇獸之異淵聖大驚使使賜御香設醮致謝封爲通真達靈真人據此傳稱爲尚書左僕射趙鼎謫後所撰似必有據而史辭第云食邑

實封云云不知政和官制無封邑也
皇甫坦即嘗爲淳熙定光宗后者淳熙晩見間
椒風遏之至死所謂皇甫誤我即此人也此公
故有道術然傳不過據碑誌諛墓之辭耳陸務
觀西游錄嘗過其居時有軒輊語
姚平仲朱仙事大有紀之者絶類鍾離雲房若
此夜功成即不終褁馬革亦當於通侯甲第五
慾甕中淹殺

蘇養直事蓋別有紀之者非超所張飾第嘗見一小說忘其名云蘇晩年病殆得丹藥以起與洪慶善云云後竟以老病終亦無所爲元日歡飲達旦披衣曳杖出門馳而立化事也養直少有文行眉山長公嘗爲作研銘

太陽太陰女几諸仙此稍晦其辭耳列仙傳記之蓋容成素女之術也如楞嚴經所稱堅固而不休息者天地間自有此理亦自有此事第不

可爲訓耳
鈎弋夫人奇女也爲武帝所識孕十四月而産昭帝燕齊方伎之餘士尚好言之若以爲仙則夢囈耳
傳以麻姑爲王方平妹尤可笑此事惟顔魯公所撰壇記一見之何嘗有兄弟語
紫素元君傳所載任生事疑即傳奇所稱封生也韓太華爲韓安國妹貳師將軍之婦得道在

易遷宮中若貳師婦則以巫蠱僇矣意化不在事後耶安國老死者三十年而貳師始貴當是最稚妹耳

王進賢傳尚書令衍之小女爲愍懷太子妃洛陽亂劉曜掠得之渡孟津欲亂之進賢駡曰我皇太子婦司徒公女而胡羌小虜敢干我乎即投河死其婢田六出亦不屈投河死遇嵩高女眞韓西華得度居華陽易遷宮眞誥記之甚詳

按本傳太子妃字惠風劉曜拔洛陽得之以賜其將喬屬欲妻之惠風拔劍抗詈而死其死節同特死水死刃小異耳惠風以抗劉曜得死而父衍以勸石勒即位亦得死死等耳不有愧其女乎

徐仙姑傳僕射之才女年數百歲常如二十四五人獨游江湖間寓止寺院有惡少數輩欲以刃制而辱之姑笑曰我女子也而能棄家雲水

不避蛟龍虎兕豈懼汝鼠輩乎即解衣臥遽徹燭焉衆大喜欲趨之忽皆僵坐口不能言明日姑徐理策出山久之乃解姑往來江表顏色轉少其行如飛所至神明畏敬亡敢以非意干者愚謂毋論姑得仙道即之才有女能如此眞所謂淤泥中蓮花也第不知少時何以過活花姑爲女道士黃靈微也行止亦相類

李騰空乃李林甫女人以爲疑不知林甫亦謫

仙也而况其女乎大抵宰官貴臣多夙生有來歷者要在籍失之耳

書陳上陽金丹大要後

陳上陽者名致虚元人也道家書幾無所不讀於文雖不能雅馴而亦閎肆辨博成一家語其論精𠘧神援據法語警策動人金丹藥物妙用亦自可采而至鼎器一章所謂偃月鑪者必取之女子之身中則謬矣吾獨怪其妄引儒釋狎侮聖言以爲其罪不減調達善星於悟眞篇後已詳言之邇來江陵宜黄尚遭毒手不知二大

夫下泥犂阿鼻時亦與此老葦相見否

書李素菴中和集後

余始得此書而讀之覺其緊爽有味其於一切內外丹藥吐納伸經之術如黄庭參同悟眞之類皆指以爲傍門小道而究其大指多出禪門如四祖啓法融南嶽醒大寂語又雜以中庸飾之大要欲成一家言耳非必有所得也吾所聞如尹蓬頭赤肚子所見如閻蓬頭劉大瓢輩遠者至數百歲邇者亦自强力飲噉兼人旁門小

道行之久久亦自有益第不能出世耳此曹子
眉山公所謂啖猪肉者也李先生所謂談龍肉
美者也

弇州山人讀書後終

跋語

經年畏世瑟居蕭齋悠悠忽忽
秖覺神味不酹力無能致異書
銷永日徒引白踈狂澆礧塊而
巳冬日無事薄游甫里集許氏

少逸山居案頭紫氣英英猥來逼人秘帙鴻書湘架爲滿隨手一編乃吾妻元美先生未刻讀書後爲仲謙氏取裁焉者標舉淸剛撮鈔嚴整其定案如畢雨

箕風水溼火爍俾古人心折一轉軸則江花頓萎卞血生碧令后人膽寒要之大海迴風拖一綫文瀾流美人世間自無容沒沒昔慧眼用盡三昧見普賢不

得余戲謂政行大士不及世尊耳今弇州逗脫鴛繡業已供世眼第金鍼度處唯許仲謙氏覷着也書不盡言言不盡意如是而已夫何容賛一言

後學孺山樵徐亮謹跋

跋語

三